Psychotraumatologie des Kindesalters

Psychotraumatologie des Kindesalters

von

Markus A. Landolt

Hogrefe

Göttingen · Bern · Toronto · Seattle · Oxford · Prag

PD Dr. phil. Markus A. Landolt, geb. 1962. 1983-1988 Studium der Psychologie, Kinderpsychopathologie und Neuropsychologie in Zürich. Fachpsychologe für Kinder- und Jugendpsychologie, Paar- und Familientherapeut. 1993 Promotion. Oberassistent am Universitäts-Kinderspital in Zürich, Lehrbeauftragter am Psychologischen Institut der Universität Zürich. Seit 1999 Aufbau und Leitung einer Sprechstunde für Psychotraumatologie. 2004 Habilitation.

Bibliografische Information Der Deutschen Bibliothek

Die Deutsche Bibliothek verzeichnet diese Publikation in der Deutschen Nationalbibliografie; detaillierte bibliografische Daten sind im Internet über http://dnb.ddb.de abrufbar

http://www.hogrefe.de
Aktuelle Informationen • Weitere Titel zum Thema • Ergänzende Materialien

Umschlagbild: Jochen Dauster, Rheinbach
Satz: Grafik-Design Fischer, Weimar
Druck: Kaestner GmbH & Co. KG, Göttingen/Rosdorf
Printed in Germany
Auf säurefreiem Papier gedruckt

ISBN 3-8017-1718-6

Wenn die Elefanten streiten,
werden die Blumen zertrampelt.

Afrikanisches Sprichwort

Vorwort

Ausgangspunkt für dieses Buch ist die klinische und wissenschaftliche Beschäftigung mit psychisch traumatisierten Kindern im Rahmen meiner Tätigkeit am Universitäts-Kinderspital Zürich. Über die Jahre habe ich dabei unzählige Kinder und Jugendliche kennengelernt, die mit schlimmsten Ereignissen konfrontiert worden waren und diese mit bewundernswerter Kraft zu bewältigen versuchten. Vielen ist dies gelungen. Einige jedoch haben in der Folge posttraumatische psychische Störungen entwickelt, die mich als Mensch und Fachperson gefordert haben. Wie kann diesen Kindern und Jugendlichen wirksam geholfen werden? Wie ist ihre Symptomatik zu verstehen? Wie können posttraumatische Störungen diagnostiziert werden? Welche Faktoren bestimmen, ob ein Kind nach einem psychisch traumatisierenden Ereignis psychisch krank wird oder nicht? Kann man die Entwicklung solcher Störungen bei rechtzeitiger Intervention verhindern? Was ist überhaupt ein Psychotrauma? Diese und ähnliche Fragen haben mich in den letzten zehn Jahren intensiv beschäftigt und – bei fast vollständigem Fehlen entsprechender Publikationen im deutschsprachigen Raum – schließlich dazu geführt, dieses Buch zu schreiben. Ziel war dabei, eine sich an den heute verfügbaren wissenschaftlichen Erkenntnissen orientierende Übersicht über das Gebiet der Kinderpsychotraumatologie zu geben. Damit sollen den Leserinnen und Lesern dieses Buches die momentan verfügbaren Antworten auf die oben gestellten Fragen in möglichst praxisnaher, knapper und verständlicher Form vermittelt werden. Mit diesem Buch geht auch die Hoffnung einher, dass das Gebiet der Kinderpsychotraumatologie zukünftig im deutschsprachigen Raum eine grössere Resonanz in Ausbildung und Forschung finden wird.

Zürich, im Oktober 2003 Markus A. Landolt

Inhaltsverzeichnis

1 Einleitung

Der Begriff der *Traumatologie* (von griech. Trauma = Verletzung) bezeichnet traditionellerweise einen Zweig der Chirurgie, der sich mit körperlichen Verletzungen beschäftigt. Analog und in Abgrenzung zur somatischen Traumatologie steht der Begriff der *Psychotraumatologie,* der sich mit der Entstehung, der Erfassung, dem Verlauf und der Behandlung von seelischen Verletzungen befasst, die in der Folge extrem belastender und/oder lebensbedrohlicher Ereignisse auftreten. Die moderne Psychotraumatologie als interdisziplinäre Wissenschaft begann mit der Einführung der diagnostischen Kategorie der *posttraumatischen Belastungsstörung* im DSM-III (American Psychiatric Association, 1980) und hat seither einen ungeahnten Aufschwung erlebt. Dies zeigt sich beispielsweise anhand der enormen Zunahme entsprechender Publikationen (vgl. Abbildung 1).

Dieser Aufschwung stand zunächst im Zusammenhang mit den Folgen des Vietnamkriegs, in welchem eine große Zahl amerikanischer Soldatinnen und Soldaten psychisch traumatisiert worden war. Mit der Zunahme der terroristischen Bedrohungen und Anschläge der letzten Jahre sowie einer Vielzahl von Naturkatastrophen wie Erdbeben oder Flutkatastrophen ist ein zunehmendes Bewusstsein einhergegangen, dass Menschen durch solche Ereignisse nicht nur körperlich, sondern in einem erheblichen Maße auch seelisch verletzt werden können.

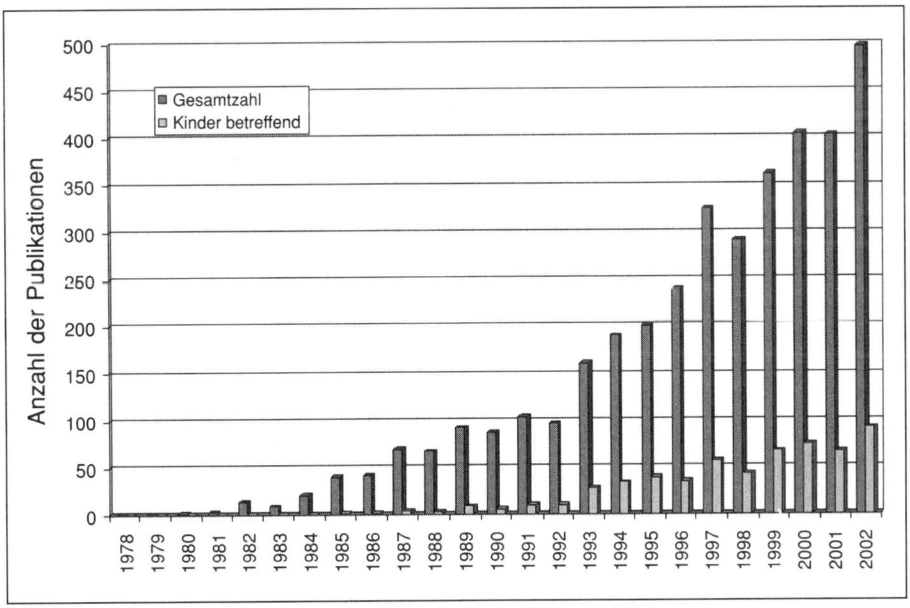

Abbildung 1: Anzahl MEDLINE-Zitierungen zu „PTSD“ oder „Posttraumatic Stress Disorder“ von 1978 bis 2002

Die Spannbreite potenziell traumatisierender Ereignisse ist groß und reicht von körperlicher und sexueller Gewalt, Unfällen und lebensbedrohlichen Krankheiten bis hin zu Naturkatastrophen. Abbildung 2 zeigt wie die Vielzahl verschiedener Traumata anhand der Häufigkeit ihres Auftretens und anhand der Ursache klassifiziert werden können. Auf Lenore Terr geht die Unterscheidung in Typ-1 und Typ-2 Trauma zurück (Terr, 1991). Unter Typ-1 Traumata werden akute, unvorhersehbare und einmalige Ereignisse subsummiert, wie beispielsweise ein Verkehrsunfall oder eine Geiselnahme. Typ-2 Traumata treten dagegen wiederholt auf und sind teilweise vorhersehbar. Dazu gehören beispielsweise Traumatisierungen wie sie im Rahmen einer chronischen sexuellen Ausbeutung oder auch beim Aufenthalt in Kriegsgebieten oder in einem Konzentrationslager vorkommen. Weiter können Psychotraumata auch anhand ihrer Ursache klassifiziert werden, wobei menschverursachte Ereignisse einerseits (Krieg, Vergewaltigung, usw.) von Naturkatastrophen (Erdbeben, Flutkatastrophe) und technischen Katastrophen (Atomkraftwerkunglück) andererseits unterschieden werden.

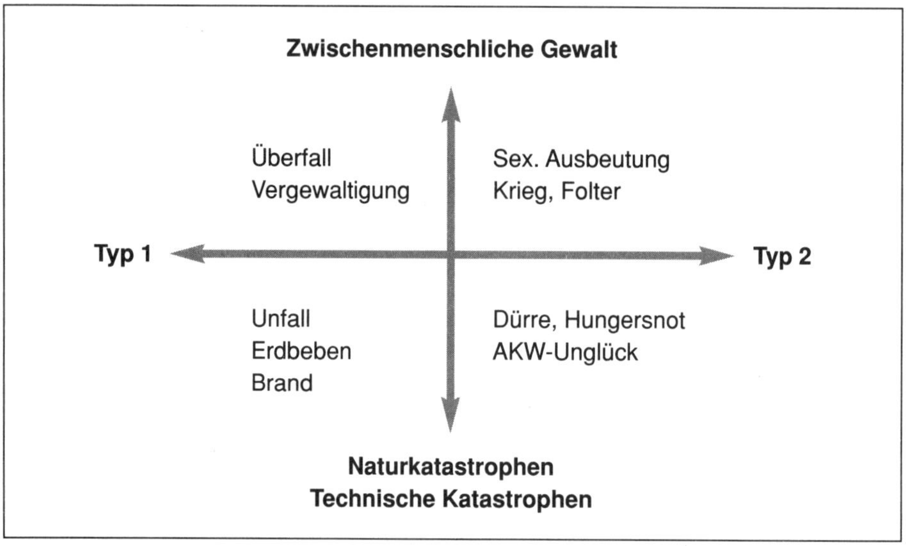

Abbildung 2: Klassifikation traumatischer Ereignisse

Erstaunlicherweise herrschte noch bis weit in die 1980er Jahre in den maßgebenden Lehrbüchern der Kinderpsychiatrie die Ansicht vor, dass Kinder nur mit kurzfristigen Störungen auf Typ-1 Traumata reagieren (Garmezy & Rutter, 1985). Auf Grund unangepasster Untersuchungsmethoden und der alleinigen Abstützung auf Informationen von Eltern und Lehrern, war das Ausmaß kindlicher Reaktionen auf akute psychische Traumatisierungen lange Zeit nicht wahrgenommen bzw. massiv unterschätzt worden. Systematische Beschreibungen psychotraumatischer Symptome im Kindesalter finden sich in der Fachliteratur seit ungefähr 15 Jahren, wobei das diagnostische Konzept anfänglich noch unklar blieb. Erst im Jahre 1988 mit der Einführung des DSM-III-R (American Psychiatric Association, 1987) anerkannte die Fachwelt das Vorhandensein posttraumatischer Belastungsstörungen auch bei Kindern. Damit war die Grundlage für die Entwicklung des Fachgebietes der Kinderpsychotraumatologie gelegt. Die Zahl entsprechender Publikationen zum Kindes- und Jugendalter ist seit Beginn der 1990er Jahre kontinuierlich angestiegen (vgl. Abbildung 1). Im deutschsprachigen Raum steckt die diesbezügliche Forschung – von wenigen Ausnahmen abgesehen – allerdings nach wie vor in den Kinderschuhen, was sich am fast vollständigen Fehlen deutscher Publikationen zeigt.

Die Bedeutung der Psychotraumatologie für die praktische kinderpsychologische und kinderpsychiatrische Tätigkeit ergibt sich aus der Häufigkeit traumatischer Ereignisse im Leben von Kindern und Jugendlichen. In der Bremer Jugendstudie (Essau, Conradt & Petermann, 1999) berichten 22.5 % der befragten Jugendlichen, irgendwann in ihrem bisherigen Leben ein traumatisches Ereignis erlebt zu haben. Am häufigsten wurden körperliche Angriffe, Verletzungen und schwerwiegende Unfälle genannt. Zu vergleichbaren Befunden kam eine andere epidemiologische Studie aus Deutschland, in welcher 26 % der jungen Männer und 17.7 % der jungen Frauen im Alter von 14 bis 24 Jahren über mindestens ein traumatisches Ereignis in ihrem Leben berichten (Perkonigg, Kessler, Storz & Wittchen, 2000). Eine signifikante Minderheit dieser Menschen entwickelt posttraumatische psychische Störungen. Angaben zur Lebenszeitprävalenz der posttraumatischen Belastungsstörung im Jugendalter schwanken in Abhängigkeit der untersuchten Population zwischen 1.3 und 9.2 % (Landolt, 2003a). Je nach Art des Ereignisses entwickeln bis zu 100 % der traumatisierten Kinder und Jugendlichen klinisch relevante und damit behandlungsbedürftige psychische Störungen. Posttraumatische Belastungsstörungen gehören insgesamt gesehen, zu den häufigsten psychischen Störungen im Kindes- und Jugendalter. Klinische Kinderpsychologen und Kinderpsychiater sind in ihrer Tätigkeit immer wieder mit traumatisierten, psychisch auffälligen Kindern und Jugendlichen konfrontiert. Ein vertieftes psychotraumatologisches Wissen und Kompetenzen in der Diagnostik und Therapie posttraumatischer psychischer Störungen ist deshalb von hoher Relevanz für alle im Bereich der klinischen Kinderpsychologie und Kinderpsychiatrie tätigen Fachleute.

Im Folgenden wird ein Überblick über den heutigen Stand des Wissens im Bereich der Kinderpsychotraumatologie gegeben. In Kapitel 2 wird zunächst auf die geschichtlichen Hintergründe eingegangen, um anschließend die Klassifikation (Kapitel 3) und Diagnostik (Kapitel 4) posttraumatischer psychischer Störungen darzustellen. In der Folge werden Informationen zur Epidemiologie (Kapitel 5), zur Ätiopathogenese (Kapitel 6) sowie zu den biologischen Grundlagen und Folgen (Kapitel 7) psychotraumatischer Störungen gegeben. Ausführlich werden sodann sekundär präventive Maßnahmen vorgestellt, welche der Entwicklung posttraumatischer Störungen entgegenwirken sollen (Kapitel 8). In Kapitel 9 wird anschließend ein Überblick über verschiedene Behandlungsmöglichkeiten gegeben. Bevor abschließend in Kapitel 11 eine Zusammenfassung erfolgt, wird noch auf die Möglichkeit positiver Auswirkungen psychotraumatischer Ereignisse eingegangen und der diesbezügliche Forschungsstand präsentiert (Kapitel 10).

2 Geschichtlicher Rückblick

2.1 Altertum und Mittelalter

Das Wissen um langanhaltende und ernsthafte seelische Störungen als Folge psychisch traumatisierender Ereignisse ist nicht neu. Es gibt zahlreiche Belege, dass die Menschen seit frühester Zeit über Kenntnisse und Praktiken zur Milderung traumatischer Erfahrungen verfügten (Wilson, 1989). Unzählige Mythen und viele religiöse Quellen behandeln die Auseinandersetzung des Menschen mit Katastrophen, Krieg, Leid und Tod (Fischer & Riedesser, 1999). Auch in der Kunst und Dichtung sind traumatisierende Ereignisse und Umstände sowie die menschlichen Bemühungen diese zu bewältigen seit dem Epos von Gilgamesch ein zentrales Thema. Die Sumerer berichteten schon 2000 Jahre vor Christus über die Leiden der Bevölkerung im Zusammenhang mit kriegerischen Auseinandersetzungen (Kramer, 1981). Auch der griechische Dichter Homer schildert in seinem im Altertum entstandenen Epos „Ilias" das Erleben und die Überwindung eines Kriegstraumas. Die Symptome, an denen Achilles nach dem Kampf um Troja leidet, entsprechen erstaunlich genau den heutigen Symptomen einer posttraumatischen Belastungsstörung (Shay, 1991). Wie Fischer und Riedesser (1999) betonen, versucht der Mensch letztlich in sehr vielen kulturellen Schöpfungen nichts anderes, als eine Antwort auf jene Sinnfrage zu finden, welche durch Leiden, Tod, Gewalt und Katastrophen ausgelöst wird.

2.2 19. Jahrhundert

2.2.1 Amerikanischer Bürgerkrieg

Wie im Altertum und Mittelalter so hat auch im 19. Jahrhundert die Auseinandersetzung mit den psychosozialen Folgen von Kriegsereignissen unser Wissen zur Psychotraumatologie erweitert. Im amerikanischen Bürgerkrieg gab es eine große Zahl traumatisierter Soldaten, die an genereller Schwäche, Brustschmerzen, Atemlosigkeit, Kopfschmerzen, Schwindel, Schlafstörungen und gastrointestinalen Beschwerden litten. Dieses psychovegetative Krankheitsbild wurde 1871 erstmals von DaCosta bei einem Soldaten nach einem Fronteinsatz beschrieben (DaCosta, 1871). Als Grund für diese Störung sah DaCosta eine im Zusammenhang mit häufigem Fieber und Durchfall stehende Erschöpfung der Soldaten. Die im Zusammenhang mit dieser Beschreibung geprägten Begriffe „irritable heart", „soldier's heart", „effort syndrome" und „Da-Costa-Syndrom" sind in internistischen Lehrbüchern nach wie vor gängig, um anhaltende stressbedingte Zustände zu beschreiben, deren Leitsyndrom Angst mit den entsprechenden vegetativen Begleiterscheinungen ist (Dressing & Berger, 1991). Der Begriff „Trauma" wurde im Jahre 1889 von Oppenheim in die Psychiatrie eingeführt (Oppenheim, 1889). Als Ursache traumabedingter Störungen vermutete er mikrostrukturelle Veränderungen des Gehirns.

2.2.2 Zivile Katastrophen und Unfälle

Im Zusammenhang mit der Einführung der Eisenbahn kam es im 19. Jahrhundert wiederholt zu schweren Unfällen mit vielen beteiligten Personen (vgl. z. B. Abbildung 3). Der englische Chirurg John Ericksen untersuchte das Verhalten von Zugpassagieren, die bei solchen Unfällen verletzt worden waren und beschrieb in diesem Zusammenhang das „Railroad Spine Syndrome“ (Ericksen, 1867). Dieses Syndrom beinhaltet Ängste, Gedächtnis- und Konzentrationsprobleme, Schlafstörungen, Albträume sowie verschiedene somatische Symptome. Als Ursache für diese Symptome wurde eine rein organische postuliert, nämlich eine Verletzung des Rückenmarks. Ericksen warnte eindringlich davor, dieses Störungsbild nicht mit jenem der Hysterie zu verwechseln.

Abbildung 3: Bild eines Zugunglückes aus dem Jahre 1900 in Hindley (England)

2.2.3 Janet, Charcot und Freud

Ungefähr zur selben Zeit wie Ericksen wiesen die an der Pariser Salpêtrière tätigen Pierre Janet (Janet, 1889) und Jean-Martin Charcot (Charcot, 1887) auf einen Zusammenhang zwischen Trauma und Hysterie hin. Aus den von den beiden durchgeführten Hypnoseexperimenten und therapeutischen Ansätzen ging hervor, dass zahlreiche psychopathologische Auffälligkeiten und Symptombildungen, unter denen die psychiatrischen Patienten litten, mit verdrängten Erinnerungen an traumatische Ereignisse zusammenhingen. Obwohl die Hysterie vor allem bei weiblichen Patientinnen beschrieben wurde, betreffen die ersten Beschreibungen von Charcot interessanterweise männliche Arbeiter, bei denen die Symptomatik nach Arbeitsunfällen auftrat. Charcot schloss daraus, dass bei Männern die hysterischen Symptome im Zusammenhang mit einer traumatischen Neurose auftreten. Überhaupt befasste sich die französische Psychiatrie schon lange mit den Zusammenhängen zwischen traumatischen Erlebnissen und den Symptomen der Hysterie (Croq & De Verbizier, 1989). Bereits 1859 fand Briquet bei 381 seiner 501 Patienten mit Hysterie ein Kindsheitstrauma als Ursache (Briquet, 1859). Insbesondere sexuelle Ausbeutung in der Kindheit war nach Ansicht von Briquet eine wichtige Ursache der Hysterie im Erwachsenenalter.

Das differenzierteste Verständnis posttraumatischer Störungen hatte zu seiner Zeit zweifellos Pierre Janet, dessen Pionierrolle für die moderne Psychotraumatologie heute zunehmend gewürdigt wird (van der Kolk & van der Hart, 1989). Er wies darauf hin, dass es vielen traumatisierten Individuen nicht gelingt, die Erinnerung an das Trauma ins Bewusstsein zu integrieren bzw. in Sprache zu fassen. Stattdessen werden die Erinnerungen vom Bewusstsein abgespalten und wirken von Unbewussten her weiter, was sich in Bildern, körperlichen Reaktionen und im Verhalten manifestieren kann. Dafür prägte Janet als Erster den Begriff der Dissoziation. Traumatisierte Patienten bleiben auf sonderbare Art und Weise auf das Trauma fixiert. Sie benötigen viel Energie, um die traumatischen Erinnerungen zu unterdrücken. Dies führt dazu, dass sie in ihrer Entwicklung beeinträchtigt sind. Erst die bewusste Integration der dissoziierten Traumaelemente ermöglicht eine gelungene Bewältigung.

Jean-Martin Charcot, Pierre Janet und Sigmund Freud, der Begründer der Psychoanalyse, waren Zeitgenossen. Freud war anlässlich seiner Besuche in der Salpêtrière in Paris sehr beeindruckt von der Arbeit Charcots und übernahm einige von dessen Ideen und entwickelte sie in seinen eigenen Werken zur Hysterie weiter. Die Psychoanalyse interpretierte das Trauma zunächst als ein reales Ereignis, welches das Ich mit Aussenreizen überschwemmt und die Adaptation stört. Gemäß Freud kehrt das Individuum in einer solchen Situation zu einem früheren Abwehrmechanismus zurück, und zwar zu dem der zwanghaften Wiederholung der traumatischen Situation (Dressing & Berger, 1991). Nachdem Freud zu Beginn Hysterien und Neurosen noch als Folge realer (sexueller) Traumata im Kindesalter verstand, vertrat er später die Ansicht, dass es sich hierbei lediglich um phantasierte Erlebnisse im Rahmen der ödipalen Entwicklungskrise handle. Freuds Neurosenlehre führte dazu, dass die Psychoanalyse lange Zeit die Bedeutung realer und aktueller Traumatisierungen vernachlässigte und sich stattdessen mehr für prämorbide, frühkindliche Konfliktkonstellationen und Phantasien interessierte. Die Akzeptanz dieser psychoanalytischen Theorie führte auch dazu, dass es bis vor nicht allzu langer Zeit keinerlei Forschungsarbeiten zu den Auswirkungen von sexueller Ausbeutung auf das Leben von Kinder gab (van der Kolk, Weisaeth & van der Hart, 1996). Es gab allerdings auch unter den Psychoanalytikern jener Zeit solche, die die Wichtigkeit des realen Traumas in der Genese krankmachender Symptome betonten. Zu diesen gehörte der Ungare Ferenczi. Dessen Ausführungen wurden von der psychoanalytischen Gesellschaft jedoch lange Zeit ignoriert bzw. verworfen.

Verschiedene Autoren entwickelten in der Folge das psychoanalytische Traumakonzept entscheidend weiter. So führte Masud Khan den Begriff des „kumulativen Traumas“ ein, wo sich einzelne subtraumatische Ereignisse zu einem Trauma summieren. John Bowlby seinerseits untersuchte in seinem bedeutenden Werk die Auswirkungen frühkindlicher Deprivation auf die Entwicklung des Kindes (Bowlby, 1976).

2.3 Das 20. Jahrhundert

2.3.1 Die beiden Weltkriege

Während des 1. Weltkrieges kam es zu einer Zunahme an wissenschaftlichen Beschreibungen von posttraumatischen Störungen. Kennzeichnend für diese Zeit war eine ausgesprochene Konfusion um die Bedeutung psychischer und organischer Ursachen für die Entwicklung posttraumatischer Störungen. Diagnosen wie „soldier's heart" oder „effort syndrome" waren damals sehr häufig und wurden zunächst als rein organisch bedingt verstanden. Culpin (1930) erwähnt, dass 80.000 Soldaten auf Grund dieser Diagnosen aus der Armee entlassen wurden.

Noch während des 1. Weltkrieges führte der englische Militärpsychiater Charles Samuel Myers den Begriff des „shell shock" in die medizinische Literatur ein (Myers, 1915). Als Ursache dieser Störungen wurden zunächst ausschließlich mimimale Verletzungen des Zentralnervensystems in Betracht gezogen, ausgelöst durch Explosionserschütterungen von Granaten und Bomben. Die Beobachtung, dass auch Soldaten ohne Fronteinsätze posttraumatische Störungen entwickeln konnten, führte dann allerdings in der Folge dazu, dass die organischen Hypothesen vermehrt in Frage gestellt wurden. Myers selbst wies in seinen späteren Publikationen auf interessante Aehnlichkeiten zwischen den Symptomen der Hysterie und jenen des „shell shock" hin (Myers, 1940). Er stellte sich auf den Standpunkt, dass auch der emotionale Schock die Symptome ausreichend zu erklären vermöge und eine organische Schädigung des Zentralnervensystems nicht vorzuliegen brauche. Auch die Bedeutung vorbestehender Psychopathologie wurde kontrovers diskutiert. So gab es Autoren, die betonten, dass Soldaten mit einem „soldier's heart" schon vorher unstabile Persönlichkeiten aufwiesen und psychopathologisch auffällig waren (Henderson & Moore, 1944; Sutherland, 1941). Die Mehrheit der Beschreibungen zeigte jedoch, dass auch prätraumatisch psychisch gesunde Personen posttraumatische Störungen entwickeln konnten (Goldstein, 1943; Smith, 1943).

Die psychologischen Erklärungsmodelle posttraumatischer Störungen führten im Kriegskontext zunächst auf massive Ablehnung, da sie die Moral und Motivation der betroffenen Soldaten in Frage stellten (sog. Willensversagung, Willenshemmung). Dies führte auch dazu, dass die an „shell shock" leidenden Soldaten damals oft diskriminiert wurden. In diesem Zusammenhang zu erwähnen ist auch die Einführung der Diagnose der „Kompensationsneurose" nach Kriegsende.

Während des zweiten Weltkrieges wurden Tausende von Soldaten und zivilen Kriegsopfern psychiatrisch untersucht und behandelt. Von besonderer Bedeutung sind in diesem Zusammenhang die Arbeiten von Abraham Kardiner, dessen Buch „traumatic neuroses of war" im Jahre 1941 publiziert wurde (Kardiner, 1941). Darin beschreibt er sehr detailliert die bei amerikanischen Kriegsveteranen gefundenen psychovegetativen Symptome. Auch die Auslösung physiologischer Prozesse sowie intrusiver und dissoziativer Symptome durch Reize, die an das erlittene Trauma erinnern, wurden von Kardiner detailliert geschildert. Kardiner interpretierte die posttraumatischen Symptome als krankhafte neurotische Reaktionen auf ein Trauma und grenzte diese sowohl zu der

Sichtweise einer rein organischen Störung ab als auch zu der eines simulierten Syndroms, wie es nach dem 1. Weltkrieg vertreten wurde. Die Neurose als Anpassungs- und Bewältigungsversuch weist nach Kardiner folgende Leitmerkmale auf: 1. Schrumpfen oder Einengung des Ichs; 2. Ausgehen der inneren Ressourcen oder energetische Verarmung; 3. „disorganization" (heute als Strukturverlust bezeichnet).

Obwohl sich die meisten Publikationen im Zusammenhang mit den beiden Weltkriegen mit erwachsenen Personen befassen, gibt es auch einige Studien bei Kindern. So untersuchte Bodman (1941) 8.000 britische Schulkinder im Alter von 5 bis 14 Jahren und fand bei ungefähr 8 % psychische Symptome, die im Zusammenhang mit Kriegserlebnissen standen. Besonders häufig waren Albträume, kriegsbezogene Ängste, körperliche Reaktionen bei Konfrontation mit kriegsbezogenen Reizen, Vermeidungsverhalten sowie aggressives Verhalten. Mercer und Despert (1943) dokumentierten ihrerseits bei französischen Kindern praktisch identische Symptome. Zusätzlich wurden in dieser Studie auch Konzentrationsschwierigkeiten und Schulleistungsprobleme registriert. Bradner (1943) untersuchte finnische Familien, die im Zusammenhang mit dem Krieg aus ihrer Heimat flüchten mussten beziehungsweise deportiert wurden. Auch Bradner fand bei den Kindern posttraumatische Ängste, Albträume, Vermeidungsverhalten sowie eine erhöhte psychophysiologische Reaktivität. Bradner wies darauf hin, dass diese Symptome auch noch ein Jahr nach dem Krieg in teilweise unverminderter Heftigkeit vorhanden waren. Dieser Befund wurde von Carey-Trefzer bestätigt, der nach Abschluss des 2. Weltkrieges 1.203 britische Schulkindern untersuchte und bei 12.6 % kriegsbezogene psychische Symptome wie Albträume, Ängste, Schulleistungsprobleme, erhöhte Irritabilität, Konzentrations- und Gedächtnisprobleme, Schlafstörungen und Vermeidungsverhalten fand (Carey-Trefzer, 1949).

2.3.2 Das Konzentrationslagersyndrom

Viele Arbeiten nach dem 2. Weltkrieg widmeten sich den unzähligen Opfern des Nationalsozialismus und untersuchten insbesondere die Auswirkungen des Holocaust. Die körperliche und psychische Gesundheit der Überlebenden von Konzentrationslagern wurde sorgfältig dokumentiert (Hocking, 1970; Kolle, 1958; Venzlaff, 1966). Es fanden sich insbesondere ängstlich-phobische, vegetative, asthenische und depressive Symptome, die einen chronischen Verlauf angenommen hatten. Friedman (1948) fand bei jüdischen Kindern, die den Aufenthalt im KZ Buchenwald überlebt hatten, ähnliche Symptome. Er berichtete, dass 50 bis 60 % der betroffenen Kinder an Schlafstörungen, Panikattacken, Hypervigilanz und einer „affektiven Anästhesie" litten. Die besonders bei Erwachsenen gefundenen chronifizierten Symptome gingen einher mit andauernden Persönlichkeitsveränderungen, für die der Begriff des Konzentrationslagersyndroms geprägt wurde (Niederland, 1968). Venzlaff (1966) sprach von einem dauerhaften erlebnisbedingten Persönlichkeitswandel nach der Konzentrationslagerhaft. Im amerikanischen Schrifttum wurde für die psychischen Störungen bei Überlebenden des Naziterrors auch der Begriff des „survivor syndrome" geprägt (Dressing & Berger, 1991).

Da die Symptomatik der KZ-Opfer zweifelsfrei nicht durch Krankheitsgewinn aufrechterhalten wurde, wurde zunächst die These vertreten, dass diese Störungen organisch bedingt seien. Als auslösende Faktoren wurden die Unterernährung sowie eine generelle und chronische Erschöpfung während des Aufenthaltes im Konzentrationslager in Betracht gezogen (Kinzie & Goetz, 1996). Bald wurde jedoch darauf hingewiesen, dass für viele Störungen keine körperliche Ursache gefunden werden konnte und dass der Entstehungsmechanismus beim Konzentrationslagersyndrom im Prinzip derselbe sei wie bei schweren einmaligen Psychotraumata, wie sie beispielsweise bei einem Unfall oder einer Naturkatastrophe erlebt werden (Dressing & Berger, 1991). Bei den KZ-Opfern gelinge die Abwehr der traumatischen Angst durch Vermeidung jedoch schlechter, weil diese nicht nur an eine einzelne konkrete Situation gebunden sei. Vielmehr führte die chronische Traumatisierung im Konzentrationslager zu einer Erschütterung aller Werte und Beziehungen. Damit waren die KZ-Opfer aller Ressourcen beraubt, die ihnen bei der Bewältigung der unvorstellbaren Grausamkeiten geholfen hätten.

Insgesamt zeigten die Studien bei Überlebenden von Konzentrationslagern in erschreckender und erstmaliger Deutlichkeit, dass schwere Psychotraumata schwerwiegende biologische, psychologische, soziale und existenzielle Folgen haben und die Fähigkeit vermindern, zukünftige psychologische und biologische Stressoren zu bewältigen.

2.3.3 Zivile Katastrophen

Erste Untersuchungen zu den psychologischen Auswirkungen von Naturkatastrophen wurden bereits anfangs des 20. Jahrhunderts durchgeführt. So untersuchte der Schweizer Psychiater Eduard Stierlin Überlebende des Erdbebens von Messina im Jahre 1907 (Stierlin, 1911). Er unterschied akute Reaktionen (sog. Schreckneurosen) von längerdauernden traumatischen Neurosen. Die akute Reaktion war gekennzeichnet durch ein beeinträchtigtes Bewusstsein, Gedächtnisstörungen, Ängste, Halluzinationen und Wahrnehmungsstörungen. Diese Symptome bildeten sich in der Regel innerhalb von drei Tagen zurück. Die traumatische Neurose beinhaltete Symptome wie Schlafstörungen, hoher Puls und Tremor. Stierlin fand solche Symptome bei 25 % der untersuchten Personen. Er wies darauf hin, dass die traumatische Neurose die einzige psychische Störung sei, bei der keine psychopathologische Prädisposition nötig sei. In diesem Zusammenhang kritisierte Stierlin auch den Gebrauch des Begriffes „Neurose".

Eine berühmte Studie ist jene von Adler (1943) zu den Auswirkungen einer Brandkatastrophe in Boston (sog. Coconut Grove Fire). Es ist dies eine der ersten ausführlichen Darstellungen eines zivilen Traumas und dessen Effekte auf die Betroffenen. Adler beschrieb intrusive Symptome und Vermeidungsverhalten als typische Reaktionen und wies darauf hin, dass die durch das Feuer traumatisierten Menschen unter sehr ähnlichen Symptomen litten wie die durch den Krieg traumatisierten Soldaten.

Bloch, Silber und Perry (1956) verdanken wir die erste Studie zu den Auswirkungen einer Naturkatastrophe auf das psychische Befinden von Kindern. Die Autoren fanden bei 185 amerikanischen Kindern, welche in den USA einen Wirbelsturm überlebt hatten, eine Reihe spezifischer posttraumatischer psychischer Symptome, wie beispielsweise Albträume, Ängste, Vermeidungsverhalten, Hypersensibilität gegenüber lauten Geräuschen und erhöhte Irritabilität. Zudem fiel ihnen bei vielen Kindern ein verändertes Spielverhalten auf, welches dadurch charakterisiert war, dass die Kinder das traumatische Ereignis immer wieder nachspielten. Die Symptome der durch einen Wirbelsturm traumatisierten Kinder waren jenen der Kinder, die im Krieg traumatisiert worden waren, verblüffend ähnlich.

2.3.4 DSM-III und die Folgen

Im Jahre 1952 wurde im Klassifikationssystem der amerikanischen psychiatrischen Gesellschaft erstmals die Kategorie „schwere Belastungsreaktion“ eingeführt (American Psychiatric Association, 1952). Sie wurde als akute Stressreaktion beschrieben und in zivile und militärische Formen untergliedert. Im DSM-II wurden die posttraumatischen Reaktionen wieder bagatellisiert, indem dafür nur die Kategorie der „transient situational disturbance“ vorgesehen war (American Psychiatric Association, 1968). Trotz unterdessen sehr vieler empirischer Befunde zu den Auswirkungen psychotraumatischer Ereignisse, fehlte es jedoch nach wie vor an einer gemeinsamen Sprache in Bezug auf psychotraumatologische Störungen. Dies behinderte nicht nur die Forschung, sondern auch die klinischen Praxis enorm.

Es brauchte wiederum einen Krieg, nämlich den Vietnamkrieg, um diesbezüglich einen entscheidenden Schritt weiterzukommen. Über 3 Millionen Amerikanerinnen und Amerikaner leisteten bis 1973 in Vietnam Militärdienst. Unzählige von ihnen litten nach ihrer Rückkehr in die Heimat an psychotraumatischen Symptomen und hatten große Mühe, sich wieder in Familie und Beruf zu integrieren. Um die Auswirkungen des Krieges auf die Vietnamveteranen zu objektivieren, gab der amerikanische Kongress im Jahre 1983 die „National Vietnam Readjustment Study“ in Auftrag (Kulka et al., 1990). Diese umfangreiche Studie sollte repräsentative Befunde zur Inzidenz von körperlichen, psychischen und sozialen Problemen bei den Veteranen liefern. Ihre Resultate hatten zur Folge, dass die *posttraumatische Belastungsstörung* als diagnostisch klar umschriebenes und eigenständiges Syndrom im Jahre 1980 Einzug ins DSM-III fand (American Psychiatric Association, 1980).

Eine großen Einfluss auf die Formulierung der Diagnosekriterien der posttraumatischen Belastungsstörung hatte Mardi Horowitz mit seinem 2-Faktoren-Modell der Traumaverarbeitung (Horowitz, 1976). Horowitz interpretierte die posttraumatischen Reaktionen als eine Abfolge von Phasen mit intrusiven Symptomen und Vermeidungsverhalten. Diese beiden Symptomkategorien wurden im DSM-III übernommen und mit einer Gruppe von gemischten Symptomen wie Gedächtnisstörungen und Konzentrationsproblemen ergänzt. Als Trauma wurde ein Ereignis definiert, welches außerhalb der normalen menschlichen Erfahrung liegt und bei den meisten Menschen starke Stresssymptome auslösen würde.

Die Bedeutung des DSM-III für die moderne Psychotraumatologie ist enorm und liegt darin, dass nun erstmals eine gemeinsame Nomenklatur vorhanden war. Dies führte in den folgenden Jahren zu einer lebhaften wissenschaftlichen Tätigkeit, insbesondere zur Epidemiologie der posttraumatischen Belastungsstörung. Es entstanden Fachzeitschriften wie das *Journal of Traumatic Stress* und auch die Gründung der ersten psychotraumatologischen Fachgesellschaften fällt in diese Zeit.

Obwohl die amerikanische Kinderpsychiaterin Lenore Terr (1979; 1991) mit ihrer sehr sorgfältigen Studie über die Kinder von Chowchilla (Schulbusentführung) eindrücklich die Auswirkungen eines akuten Traumas auch auf jüngere Kinder beschrieben hatte, war die Diagnosekategorie der posttraumatischen Belastungsstörung im DSM-III noch nicht für Kinder vorgesehen.

Mit der Revision des DSM-III im Jahre 1988 wurden die Diagnosekriterien weiter verfeinert und es wurde die heute bekannte Gliederung in drei Gruppen von Symptomen vorgenommen (American Psychiatric Association, 1987). Es wurde betont, dass die Symptome üblicherweise sofort in der Folge von traumatischen Ereignissen beginnen und mindestens einen Monat dauern sollten. Weiterhin wurde an der Möglichkeit eines verzögerten Auftretens der Symptomatik festgehalten. Die Symptomatik wurde neu in folgende drei Gruppen gegliedert: Wiedererleben, Vermeidung und Übererregung. Zu den Symptomen des Wiedererlebens wurden nun auch körperliche Reaktionen gezählt, die bei traumabezogenen Erinnerungsreizen auftreten. Auch die Kategorie der Vermeidungsreaktionen wurde differenzierter beschrieben. Es zeigte sich, dass die 2-Faktoren-Theorie von Horowitz um die Symptome der Übererregung ergänzt werden musste. Im Gegensatz zum DSM-III wurde im DSM-III-R das Symptom der Überlebensschuld als nicht mehr konstituierend für eine posttraumatische Belastungsstörung weggelassen. Erstmals wurde nun explizit erwähnt, dass auch Kinder solche Störungen entwickeln können und es wurde auf kindspezifische Symptome wie das traumatische Spiel hingewiesen. Es kam in den folgenden Jahren zu einer Zunahme von Studien bei Kindern. Dabei zeigte sich deutlich, dass auch Kinder und Jugendliche posttraumatische Belastungsstörungen und -symptome nach traumatischen Ereignissen entwickeln können. Untersucht wurden beispielsweise die kindliche Beobachtung von gegen die Mutter gerichteter sexueller Gewalt (Pynoos & Nader, 1988), eine Schießerei in einer amerikanischen Schule (Schwarz & Kowalski, 1991b), eine Heckenschützenattacke (Pynoos et al., 1987), kriegerische Ereignisse (Arroyo & Eth, 1985); sexueller Missbrauch (Burgess, Hartmann, McCausland & Powers, 1984; Kiser et al., 1988; Wolfe, Gentile & Wolfe, 1989) und ein Schiffsunfall (Martini, Ryan & Nakayama, 1990). Große Verdienste im Bereich der Entwicklung der Kinderpsychotraumatologie erwarb sich der Londoner Kinderpsychologe William Yule durch seine sehr sorgfältige Untersuchung von Kindern und Jugendlichen, welche in zwei Fährschiffunfälle involviert waren (Yule & Udwin, 1991). Die Studien zu den Langzeitauswirkungen dieser Ereignisse sind nach wie vor im Gang und haben eine Fülle interessanter Befunde gezeitigt. Yule konnte nachweisen, dass auch Kinder und Jugendliche nach akuten traumatischen Ereignissen posttraumatische Belastungsstörungen entwickeln und dass diese unbehandelt über viele Jahre andauern können (Yule et al., 2000).

Wenige Jahre nach der Publikation des DSM-III-R wurde die posttraumatische Belastungsstörung als eigene Diagnosekategorie auch ins Klassifikationssystem ICD-10 der Weltgesundheitsorganisation aufgenommen (Dilling, Mombour & Schmidt, 1991). Im

ICD-9 waren bis dahin nach traumatischen Ereignissen die akute Stressreaktion sowie die weit gefasste Kategorie der sogenannten Anpassungsstörungen vorgesehen gewesen. Im ICD-10 sind neu drei Diagnosen nach belastenden Ereignissen erwähnt: Die akute Stressreaktion, die posttraumatische Belastungsstörung sowie die Gruppe der Anpassungsstörungen. Das ICD-10 berücksichtigt zudem die Möglichkeit einer andauernden Persönlichkeitsveränderung nach traumatisierenden Ereignissen.

Während die Formulierung der Diagnosekriterien im DSM-III und DSM-III-R noch kaum empirisch fundiert war, war die Befundlage bei Einführung des DSM-IV später ungleich besser (American Psychiatric Association, 1994). Es lagen nun sogar – durch die DSM-IV Herausgeber veranlasste – spezifische Feldstudien vor. Neu wurde die Diagnose der akuten Stressreaktion eingeführt. In Bezug auf die Diagnose der posttraumatischen Belastungsstörung wurde das Traumakriterium neu definiert, indem neben der objektiven, situationalen Beschreibung eines Traumas als lebensbedrohlich (Kriterium A1) neu nun auch ein subjektiver Anteil berücksichtigt wurde (Kriterium A2). Die aktuelle Klassifikation posttraumatischer Störungen wird ausführlich in Kapitel 3 dargestellt.

3 Klassifikation posttraumatischer Störungen

3.1 Überblick

Im Gegensatz zu anderen psychischen Störungen sind posttraumatische Störungen immer die direkte Folge einer einmaligen oder chronischen psychischen Traumatisierung. Das belastende Ereignis bzw. die andauernde belastende Situation ist der primäre und ausschlaggebende Kausalfaktor, und die Störung wäre ohne seine Einwirkung nicht entstanden. Gemäß ICD-10 (Dilling et al., 1991) wird dabei ein Trauma definiert als „(…) ein belastendes Ereignis oder eine Situation kürzerer oder längerer Dauer mit außergewöhnlicher Bedrohung oder katastrophenartigem Ausmaß, die bei fast jedem eine tiefe Verzweiflung hervorrufen würde."

Im DSM-IV (Saß, Wittchen & Zaudig, 1998) – dem Klassifikationssystem der amerikanischen psychiatrischen Gesellschaft – erfolgt die Definition eines Psychotraumas noch etwas differenzierter und beinhaltet sowohl einen objektiv-situationalen als auch einen subjektiven Anteil. Objektiv muss das Individuum eines oder mehrere Ereignisse erlebt oder beobachtet haben, „die tatsächlichen oder drohenden Tod, ernsthafte Verletzungen oder eine Gefahr für die körperliche Unversehrtheit der eigenen Person oder anderer Personen beinhalten." Subjektiv beinhaltet die Reaktion der Person auf ein traumatisches Ereignis „intensive Furcht, Hilflosigkeit, Grauen, aufgelöstes oder agitiertes Verhalten." Beide Bedingungen müssen erfüllt sein, damit ein Ereignis die Kriterien für ein Psychotrauma erfüllt.

Individuen – Kinder und Erwachsene – zeigen nach psychotraumatischen Erfahrungen strukturell ähnliche psychophysische Symptommuster und reagieren deshalb in gewisser Hinsicht vorhersehbar. Abbildung 4 zeigt die aktuell gültige Klassifikation psychischer Reaktionen auf schwere Belastungen gemäß dem von der WHO entwickelten Klassifikationssystem ICD-10 (Dilling et al., 1991).

Die initiale Reaktion auf ein belastendes Ereignis wird als *akute Belastungsreaktion* bezeichnet. Diese akuten Symptome können übergehen in kürzer- oder längerdauernde sogenannte *Anpassungsstörungen* wie beispielsweise depressive Reaktionen. Häufig allerdings entwickeln sich in der Folge von akut traumatisierenden Ereignissen Symptome der sogenannten *posttraumatischen Belastungsstörung.* Bei Menschen, die über lange Zeit mehrfach schwer traumatisiert werden, können sich *andauernde Persönlichkeitsveränderungen* einstellen, die nur sehr schwer zu behandeln sind. Ein Teil der von einem Trauma Betroffenen entwickelt keine posttraumatischen psychischen Auffälligkeiten, d. h. zeigt weder akute Belastungsreaktionen noch längerdauernde Störungen.

In der Folge werden die Diagnosekriterien der einzelnen Störungen genauer dargestellt und es wird zudem auf Unterschiede zwischen den Klassifikationssystemen ICD-10 und DSM-IV hingewiesen.

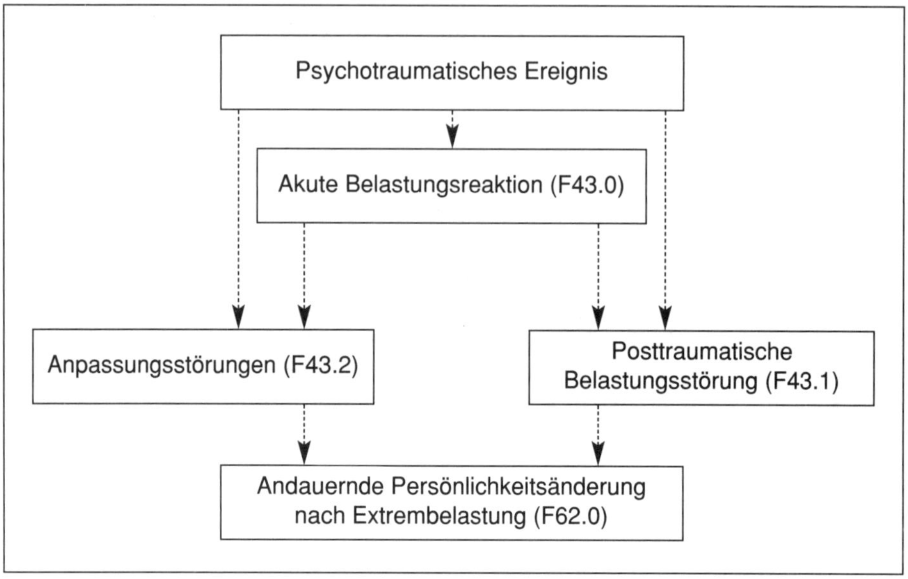

Abbildung 4: Klassifikation posttraumatischer Störungen gemäß ICD-10

3.2 Akute Belastungsreaktion

Die initiale Reaktion auf ein belastendes Ereignis wird im ICD-10 als *akute Belastungsreaktion (F43.0)* bezeichnet. Symptome von Bewusstseinseinengung, Desorientiertheit und eingeschränkter Aufmerksamkeit wechseln sich dabei ab mit Unruhezuständen und Hyperaktivität. Die Symptome erscheinen im Allgemeinen innerhalb von Minuten nach dem belastenden Ereignis und gehen innerhalb von Stunden bis wenigen Tagen zurück.

Im DSM-IV wird die entsprechende initiale Reaktion auf ein Trauma als *akute Belastungsstörung* bezeichnet (Acute Stress Disorder, Ziff. 308.3). Kasten 1 zeigt die entsprechenden Diagnosekriterien. Eine akute Belastungsstörung liegt dann vor, wenn die Person mit einem traumatischen Ereignis konfrontiert war, während dem sie intensive Furcht, Hilflosigkeit oder Entsetzen empfand und dissoziative Symptome erlebte. Wie bei der posttraumatischen Belastungsstörung müssen in der Folge Symptome des Wiedererlebens, des Vermeidungsverhaltens und eines erhöhten Erregungsniveaus auftreten. Das Individuum muss unter den Symptomen leiden und die Symptome treten mindestens zwei Tage höchstens jedoch vier Wochen lang innerhalb von vier Wochen nach dem Ereignis auf. Diese im Jahre 1994 eingeführte Diagnose wurde geschaffen, um einerseits die akute Belastungsreaktion im ersten Monat nach einem Trauma zu beschreiben und andererseits um diejenigen traumatisierten Personen zu erfassen, die ein erhöhtes Risiko für die Entwicklung einer posttraumatischen Belastungsstörung haben.

Unterschiede im diagnostischen Konzept der Störung zwischen ICD-10 und DSM-IV betreffen unter anderen die Zeitdauer der akuten Reaktion. Während im ICD-10 davon ausgegangen wird, dass sich die Symptome innerhalb von Stunden bis Tagen zurückbilden, kann die Störung gemäß DSM-IV bis zu vier Wochen dauern. Somit ist im DSM-IV durch diese Diagnose der gesamte Akutbereich abgedeckt, bis dann – nach frühestens einem Monat – bei Persistenz der Symptomatik die Diagnose einer posttraumatischen Belastungsstörung gestellt werden kann. Im Gegensatz zum ICD-10 ist die akute Belastungsstörung im DSM-IV genauer definiert, was insbesondere für den Forschungsbereich wichtig ist, und es gibt vielfältige konzeptuelle Überschneidungen mit der posttraumatischen Belastungsstörung. Zudem sind im DSM-IV dissoziative Symptome zwingender Bestandteil einer akuten Belastungsstörung. Insgesamt sind die Diagnosekriterien des DSM-IV sicherlich strenger als jene des ICD-10. Während die akute Belastungsstörung im Erwachsenenalter relativ gut untersucht ist, liegen bisher kaum Studien zu ihrer Prävalenz im Kindesalter vor. Aus diesem Grund ist die Validität dieser Diagnosekategorie bei Kindern und Jugendlichen zum heutigen Zeitpunkt nicht sichergestellt (March, 2003).

Kasten 1: DSM-IV Diagnosekriterien für eine akute Belastungsstörung (Saß et al., 1998).

A. Die Person wurde mit einem traumatischen Ereignis konfrontiert, bei dem die beiden folgenden Kriterien erfüllt waren:
1. Die Person erlebte, beobachtete oder war mit einem oder mehreren Ereignissen konfrontiert, die den tatsächlichen oder drohenden Tod oder ernsthafte Verletzung oder Gefahr der körperlichen Unversehrtheit der eigenen Person oder anderer Personen beinhalteten.
2. Die Reaktion der Person umfasste intensive Furcht, Hilflosigkeit oder Entsetzen.

B. Entweder während oder nach dem extrem belastenden Ereignis zeigte die Person mindestens drei der folgenden dissoziativen Symptome:
1. Subjektives Gefühl von emotionaler Taubheit, von Losgelöstsein oder Fehlen emotionaler Reaktionsfähigkeit,
2. Beeinträchtigung der bewussten Wahrnehmung der Umwelt (z. B. „wie betäubt sein“),
3. Derealisationserleben,
4. Depersonalisationserleben,
5. Dissoziative Amnesie (z. B. Unfähigkeit, sich an einen wichtigen Aspekt des Traumas zu erinnern).

C. Das traumatische Ereignis wird ständig auf mindestens eine der folgenden Arten wiedererlebt: Wiederkehrende Bilder, Gedanken, Träume, Illusionen, Flashback-Episoden, oder das Gefühl, das Trauma wiederzuerleben oder starkes Leiden bei Reizen, die an das Trauma erinnern.

D. Deutliche Vermeidung von Reizen, die an das Trauma erinnern (z. B. Gedanken, Gefühle, Gespräche, Aktivitäten, Orte oder Personen).

E. Deutliche Symptome von Angst oder erhöhtem Arousal (z. B. Schlafstörungen, Reizbarkeit, Konzentrationsschwierigkeiten, Hypervigilanz, übertriebene Schreckreaktion, motorische Unruhe).

F. Die Störung verursacht in klinisch bedeutsamer Weise Leiden oder Beeinträchtigungen in sozialen, beruflichen oder andere wichtigen Funktionsbereichen oder beeinträchtigt die Fähigkeit der Person, notwendige Aufgaben zu bewältigen, z. B. notwendige Unterstützung zu erhalten oder zwischenmenschliche Ressourcen zu erschließen, indem Familienmitgliedern über das Trauma berichtet wird.

G. Die Störung dauert mindestens 2 Tage und höchstens 4 Wochen und tritt innerhalb von 4 Wochen nach dem traumatischen Ereignis auf.

H. Das Störungsbild geht nicht auf die direkte körperliche Wirkung einer Substanz (z. B. Droge, Medikament) oder eines medizinischen Krankheitsfaktors zurück, wird nicht besser durch eine Kurze Psychotische Störung erklärt und beschränkt sich nicht auf die Verschlechterung einer bereits vorher bestehenden Achse I- oder Achse II-Störung.

Fallbeispiel

Eine Familie mit zwei Kindern macht im Rahmen einer Ferienreise einen Halt auf einer Autobahnraststätte. Während der Rest der Familie Einkäufe tätigt, wartet das zehnjährige Mädchen alleine im Auto und wird dabei Opfer eines Raubüberfalles. Ein maskierter Mann schlägt die Fensterscheibe ein, bedroht das Mädchen mit einer Schusswaffe und stiehlt Wertsachen aus dem Auto. Das Mädchen ist zunächst wie erstarrt (dissoziativer Zustand) und beginnt laut zu weinen und schließlich panisch zu schreien, als der Verbrecher weg ist. Die herbeigeeilten Eltern können das zitternde Mädchen erst nach über einer halben Stunde beruhigen. In den folgenden Tagen treten verschiedene Symptome des Wiedererlebens (Tagträume, Flashbacks, Albträume) auf. Besonders belastend sind die immer wiederkehrenden Bilder des maskierten Gesichtes. Das Mädchen vermeidet Dinge (Auto) und Gespräche, welche an das traumatische Ereignis erinnern und zeigt vielfältige Symptome einer physiologischen Übererregung wie beispielsweise Schlafstörungen, Konzentrationsschwierigkeiten, Hypervigilanz und motorische Unruhe.

3.3 Anpassungsstörungen

Bei der Gruppe der Anpassungsstörungen handelt es sich um Zustände von subjektivem Leiden und emotionaler Beeinträchtigung, die soziale Funktionen und Leistungen behindern und während des Anpassungsprozesses nach einer entscheidenden Lebensveränderung, nach einem belastenden Lebensereignis oder auch nach schwerer körperlicher Krankheit auftreten. Gemäß ICD-10 (Dilling et al., 1991) sind die Anzeichen dieser

Störung unterschiedlich und umfassen depressive Symptome, Angst und Besorgnis sowie gewisse Einschränkungen bei der Bewältigung der alltäglichen Routine. Kasten 2 gibt einen Überblick über Vielfalt möglicher Anpassungsstörungen. Besonders bei Jugendlichen können auch Störungen des Sozialverhaltens, wie beispielsweise aggressives oder dissoziales Verhalten, zu diesem Störungsbild gehören (F43.24). Bei jüngeren Kindern können regressive Verhaltensweisen, wie das Wiederauftreten von Bettnässen, Daumenlutschen oder Babysprache Teil dieses Syndroms sein (F43.25).

Eine Anpassungsstörung beginnt in der Regel innerhalb eines Monats nach dem belastenden Ereignis und dauert meist nicht länger als sechs Monate an. Eine Ausnahme bildet die „längere depressive Reaktion" (F43.21), welche bis zu zwei Jahre andauern kann.

Kasten 2: Anpassungsstörungen gemäß ICD-10 (Dilling et al., 1991)

F43.20	Kurze depressive Reaktion
F43.21	Längere depressive Reaktion
F43.22	Angst und depressive Reaktion gemischt
F43.23	Mit vorwiegender Beeinträchtigung von anderen Gefühlen
F43.24	Mit vorwiegender Störung des Sozialverhaltens
F43.25	mit gemischter Störung von Gefühlen und Sozialverhalten
F43.28	Andere spezifische Anpassungsstörungen

Die Definition und Subtypen der Anpassungsstörungen im DSM-IV sind ähnlich wie im ICD 10. Die Symptome müssen sich innerhalb von drei Monaten nach Beginn der Belastung entwickeln (Kriterium A) und zu einem klinisch bedeutsamen Leiden führen (Kriterium B). Die Diagnose sollte nicht gestellt werden, wenn die Symptome Ausdruck einer einfachen Trauer sind (Kriterium D). Definitionsgemäß sollte eine Anpassungsstörung sechs Monate nach Beendigung der Belastung vorbei sein (Kriterium E). Die Symptome können länger als sechs Monate andauern, wenn sie als Reaktion auf eine chronische Belastung oder auf eine Belastung mit lang anhaltenden Folgen auftreten.

Fallbeispiel

Ein 13-jähriger Junge erlebt als Mitfahrer einen Verkehrsunfall, in welchem seine Mutter ums Leben kommt. Er selbst übersteht den Unfall leicht verletzt und ist einige Tage hospitalisiert. Auf Grund eines leichten Schädel-Hirn-Traumas (Gehirnerschütterung) besteht eine vollständige Amnesie für das Ereignis. Es treten initial weder Symptome einer akuten Belastungsreaktion noch solche einer posttraumatischen Belastungsstörung auf. Nachdem der Jugendliche in den ersten Wochen nach dem Unfall erstaunlich gefasst und psychisch kompensiert war, entwickelt sich in den folgenden Monaten eine Anpassungsstörung mit vorscherrschend depressiver Symptomatik (F43.20). Im Vordergrund steht dabei die Trauer um den Verlust der Mutter.

3.4 Posttraumatische Belastungsstörung

Am häufigsten entwickeln sich in der Folge von einmaligen, psychisch traumatisierenden Ereignissen Symptome der *posttraumatischen Belastungsstörung.* Kasten 3 zeigt die entsprechenden Diagnosekriterien wie sie im DSM-IV formuliert sind.

Im *Kriterium A* wird zunächst das Trauma definiert, welches die direkte Ursache der Störung ist. Die Traumadefinition beinhaltet einen objektiven (Kriterium A1) und einen subjektiven (Kriterium A2) Aspekt, welche beide erfüllt sein müssen. Ein traumatisierendes Ereignis wird als ein direkt erlebtes oder beobachtetes Ereignis beschrieben, welches mit Todesgefahr oder einer Gefahr der körperlichen Unversehrtheit der eigenen oder anderer Personen einhergeht. Zusätzlich muss die betroffene Person mit intensiver Furcht, Hilflosigkeit oder Entsetzen reagieren. Es wird darauf hingewiesen, dass sich dies bei Kindern auch durch aufgelöstes oder agitiertes Verhalten zeigen kann. Mit diesem Kriterium A2 fließt damit auch die subjektive Einschätzung und Beurteilung des traumatischen Ereignisses in die Definition mit ein.

Das *Kriterium B* beinhaltet Symptome des Wiedererlebens, von welchen mindestens eines vorhanden sein muss. Unterschieden werden dabei wiederkehrende und belastende Erinnerungen an das traumatische Ereignis, belastende Träume, dissoziative Flashback-Episoden, intensive psychische Belastung sowie körperliche Reaktionen bei Konfrontation mit traumarelevanten Erinnerungsreizen. Es ist darauf zu achten, dass sich Symptome des Wiedererlebens besonders bei jüngeren Kindern auch im Spiel zeigen können. Im Rahmen des sogenannten „traumatischen Spiels“ werden belastende Szenen auf fast zwanghafte Weise immer und immer wieder nachgespielt, ohne dass dies einen kathartischen Effekt hätte. Im Unterschied zu Erwachsenen können bei Kindern zudem Angstträume ohne erkennbaren inhaltlichen Zusammenhang mit dem erlebten Trauma auftreten. So kommt es immer wieder vor, dass Kinder nach einem traumatischen Ereignis beispielsweise von Geistern oder anderen bedrohlichen Phantasiegestalten träumen.

Da die Symptome des Wiedererlebens unangenehm und quälend sind, entwickelt das traumatisierte Kind eine Vielfalt von verschiedenen Strategien, um den belastenden traumaspezifischen Hinweisreizen auszuweichen *(Kriterium C).* Für die Diagnose einer posttraumatischen Belastungsstörung gemäß DSM-IV müssen dabei mindestens drei verschiedene Vermeidungssymptome vorhanden sein. Es handelt sich hierbei beispielsweise um das bewusste Vermeiden von Gedanken, Gefühlen, Gesprächen, Aktivitäten, Orten oder Menschen, die Erinnerungen an das Trauma wachrufen. Im Extremfall kann die Vermeidung so weit gehen, dass es zu einer Amnesie für Teilaspekte des Traumas kommt. Mit der Vermeidungssymptomatik geht zudem oft eine Abflachung der allgemeinen Reagibilität sowie im Jugendalter ein Gefühl einer eingeschränkten Zukunft einher.

Die dritte Gruppe von posttraumatischen Symptomen sind jene der vegetativen Übererregung *(Kriterium D),* von welchen gemäß DSM-IV Diagnosekriterien mindestes zwei vorhanden sein müssen. Es handelt sich hierbei um Schlafstörungen, Konzentrationsprobleme, Hypervigilanz, erhöhte Reizbarkeit sowie Schreckhaftigkeit.

Die Diagnose einer posttraumatischen Belastungsstörung wird gestellt, wenn die Symptome des Wiedererlebens, der Vermeidung und der physiologischen Übererregung während mindestens eines Monats andauern *(Kriterium E)* und klinisch bedeutsame Beeinträchtigungen in wichtigen Funktionsbereichen verursachten *(Kriterium F)*. Schließlich können anhand der Störungsdauer und des Symptomverlaufs akute (kürzer als drei Monate) und chronische (länger als drei Monate) posttraumatische Belastungsstörungen sowie solche mit verzögertem Beginn (Entwicklung der Symptomatik frühestens 6 Monate nach Trauma) unterschieden werden.

Kasten 3: DSM-IV Diagnosekriterien für eine posttraumatische Belastungsstörung (Saß et al., 1998).

A. Die Person wurde mit einem traumatischen Ereignis konfrontiert, bei dem die beiden folgenden Kriterien vorhanden waren:
1. Die Person erlebte, beobachtete oder war mit einem oder mehreren Ereignissen konfrontiert, die tatsächlichen oder drohenden Tod oder ernsthafte Verletzung oder eine Gefahr der körperlichen Unversehrtheit der eigenen Person oder anderer Personen beinhalteten.
2. Die Reaktion der Person umfasste intensive Furcht, Hilflosigkeit oder Entsetzen.
   Beachte: Bei Kindern kann sich dies auch durch aufgelöstes oder agitiertes Verhalten äußern.

B. Das traumatische Ereignis wird beharrlich auf mindestens eine der folgenden Weisen wiedererlebt:
1. Wiederkehrende und eindringliche belastende Erinnerungen an das Ereignis, die Bilder, Gedanken oder Wahrnehmungen umfassen können.
   Beachte: Bei kleinen Kindern können Spiele auftreten, in denen wiederholt Themen oder Aspekte des Traumas ausgedrückt werden.
2. Wiederkehrende belastende Träume von dem Ereignis.
   Beachte: Bei Kindern können stark beängstigende Träume ohne wiedererkennbaren Inhalt auftreten.
3. Handeln oder Fühlen, als ob das traumatische Ereignis wiederkehrt (beinhaltet das Gefühl, das Ereignis wiederzuerleben, Illusionen, Halluzinationen und dissoziative Flashback-Episoden, einschließlich solcher, die beim Aufwachen oder bei Intoxikationen auftreten).
   Beachte: Bei kleinen Kindern kann eine traumaspezifische Neuinszenierung auftreten.
4. Intensive psychische Belastung bei der Konfrontation mit internalen oder externalen Hinweisreizen, die einen Aspekt des traumatischen Ereignisses symbolisieren oder an Aspekte desselben erinnern.
5. Körperliche Reaktionen bei der Konfrontation mit internalen oder externalen Hinweisreizen, die einen Aspekt des traumatischen Ereignisses symbolisieren oder an Aspekte desselben erinnern.

C. Anhaltende Vermeidung von Reizen, die mit dem Trauma verbunden sind, oder eine Abflachung der allgemeinen Reagibilität (vor dem Trauma nicht vorhanden). Mindestens drei der folgenden Symptome liegen vor:
1. bewusstes Vermeiden von Gedanken, Gefühlen oder Gesprächen, die mit dem Trauma in Verbindung stehen,
2. bewusstes Vermeiden von Aktivitäten, Orten oder Menschen, die Erinnerungen an das Trauma wachrufen,
3. Unfähigkeit, einen wichtigen Aspekt des Traumas zu erinnern,
4. deutlich vermindertes Interesse oder verminderte Teilnahme an wichtigen Aktivitäten,
5. Gefühl der Losgelöstheit oder Fremdheit von anderen,
6. eingeschränkter Bandbreite des Affekts (z. B. Unfähigkeit, zärtliche Gefühle zu empfinden),
7. Gefühl einer eingeschränkten Zukunft (z. B. erwartet nicht, Karriere, Ehe, Kinder oder normal langes Leben zu haben).

D. Anhaltende Symptome erhöhten Arousals (vor dem Trauma nicht vorhanden). Mindestens zwei der folgenden Symptome liegen vor:
1. Schwierigkeiten ein- oder durchzuschlafen,
2. Reizbarkeit oder Wutausbrüche,
3. Konzentrationsschwierigkeiten,
4. übermäßige Wachsamkeit (Hypervigilanz),
5. übertriebene Schreckreaktion.

E. Das Störungsbild (Symptome unter Kriterium B, C und D) dauert länger als ein Monat.

F. Das Störungsbild verursacht in klinisch bedeutsamer Weise Leiden oder Beeinträchtigungen in sozialen, beruflichen oder anderen wichtigen Funktionsbereichen.

Im Unterschied zum DSM-IV sind die Diagnosekriterien einer posttraumatischen Belastungsstörung im ICD-10 etwas weniger spezifisch (vgl. Kasten 4), weshalb in Forschungsarbeiten fast ausschließlich die genauer definierten Kriterien des DSM-IV verwendet werden.

Kasten 4: ICD-10-Diagnosekriterien für eine posttraumatische Belastungsstörung (Dilling et al., 1991).

A. Die Betroffenen sind einem kurzen oder längeren Ereignis oder Geschehen von außergewöhnlicher Bedrohung und mit katastrophalem Ausmaß ausgesetzt, das nahezu bei jedem tiefgreifende Verzweiflung auslösen würde.

B. Anhaltende Erinnerungen oder Wiedererleben der Belastung durch aufdringliche Flashbacks (Nachhallerinnerungen), lebendige Erinnerungen, sich wiederholende Träume oder durch Unbehagen (Leiden) in Situationen, die der Belastung ähneln oder mit ihr in Zusammenhang stehen.

C. Umstände, die der Belastung ähneln oder mit ihr im Zusammenhang stehen, werden tatsächlich oder möglichst vermieden (dieses Verhalten bestand nicht vor dem belastenden Erlebnis).

D. Entweder (1) oder (2):
1. teilweise oder vollständige Unfähigkeit, einige wichtige Aspekte der Belastung zu erinnern,
2. anhaltende Symptome einer erhöhten psychischen Sensitivität und Erregung (nicht vorhanden vor der Belastung) mit zwei der folgenden Merkmale:
   a. Ein- und Durchschlafstörungen,
   b. Reizbarkeit
   c. Konzentrationsschwierigkeiten,
   d. Hypervigilanz,
   e. erhöhte Schreckhaftigkeit.

E. Die Kriterien B, C und D treten innerhalb von sechs Monaten nach der Belastung oder nach Ende einer Belastungsperiode auf. (In einigen Fällen kann ein späterer Beginn berücksichtigt werden, die sollte aber vermerkt werden).

Tabelle 1 zeigt den Vergleich der DSM-IV-Kriterien mit jenen des ICD-10. Unterschiede ergeben sich bei der Definition eines traumatischen Ereignisses, der Spezifität der einzelnen Symptome sowie auch in Bezug auf die Zeitangaben zum Beginn und zur Dauer der Störung. Im ICD-10 besteht zudem keine Notwendigkeit einer durch die Störung bedingten, klinisch bedeutsamen Beeinträchtigung in wichtigen Lebensbereichen.

Tabelle 1: Vergleich der Diagnosekriterien einer posttraumatischen Belastungsstorung gemäß DSM-IV und ICD 10

	DSM-IV	**ICD-10**
Trauma	– Ereignis, das tatsächlichen oder drohenden Tod, ernsthafte Verletzungen oder eine Gefahr für die körperliche Unversehrtheit der eigenen Person oder anderer Personen beinhaltet. – Reaktion mit intensiver Furcht, Hilflosigkeit, Grauen,aufgelöstem oder agitiertem Verhalten.	– belastendes Ereignis oder eine Situation außergewöhnlicher Bedrohung oder katastrophenartigen Ausmaßes. – Das Ereignis würde bei fast jedem eine tiefe Verzweiflung hervorrufen.
Symptomatik	– Intrusionen (mind. 1 Symptom) – Vermeidung, emotionale Taubheit (mind. 3 Symptome) – Physiologische Übererregung (mind. 2 Symptome)	– Sich aufdrängende Erinnerungen – Vermeidungssymptome – teilweise oder vollständige Traumaamnesie – Physiologische Übererregung

	DSM-IV	ICD-10
Beginn der Störung	– Keine Einschränkung – Spezifikation eines verzögerten Beginns, wenn die Symptomatik ab 6 Monate nach dem Ereignis einsetzt	Innerhalb von sechs Monaten nach dem Trauma
Dauer der Störung	Mindestens 4 Wochen	Keine Angaben
Beeinträchtigung	Durch Symptomatik bedingte klinisch bedeutsame Beeinträchtigungen in wichtigen Lebensbereichen	Keine Angaben

Fallbeispiele

Ein 11-jähriger Junge wird als Fußgänger von einem Auto angefahren. Der Junge erleidet eine leichte Gehirnerschütterung sowie einige Prellungen, welche ambulant behandelt werden können. In den ersten Tagen nach dem Unfall zeigen sich bei dem Jungen Symptome einer akuten Belastungsreaktion. Zwei Monate nach dem Unfall kommt der Patient mit dem Vollbild einer posttraumatischen Belastungsstörung gemäß DSM-IV (vgl. Tabelle 3) in die psychotraumatologische Sprechstunde. Er leidet unter Albträumen und Angst auslösenden Bildern vom Unfall (Kriterium B), hat ein ausgeprägtes Vermeidungsverhalten auslösenden Reizen (Strasse, Auto) gegenüber entwickelt (Kriterium C) und zeigt weiterhin ein hohes physiologisches Erregungsniveau (Kriterium D), welches sich in Konzentrationsschwierigkeiten, Hypervigilanz und ausgeprägter Schreckhaftigkeit äußert.

Ein 8-jähriges Mädchen ist während des starken Erdbebens im Jahre 2000 in der Türkei. Mitten aus dem Schlaf gerissen, wird das Kind von seinen Eltern aus dem Wohnhaus ins Freie evakuiert. Das Mädchen bleibt unverletzt. In den folgenden Tagen, welche die Familie aus Angst vor weiteren Beben im Freien verbringt, beobachtet das Kind die Aufräumarbeiten und sieht schwer verletzte Menschen sowie die Bergung von Leichnamen verschütteter Personen. Einen Monat nach diesem Ereignis leidet das Mädchen an einer ausgeprägten posttraumatischen Belastungsstörung. Das Mädchen hat fast jede Nacht Albträume sowie tagsüber häufige Flashbacks, die mit großer Angst verbunden sind. Auslöser für die Wiedererlebenssymptome sind Gespräche sowie Zeitungs- und Fernsehberichte über Unglücke. Schiebegeräusche von Tischen und Stühlen in der Schule erinnern das Mädchen ebenfalls an die Unglücksnacht und führen unmittelbar zu belastenden Bildern (Kriterium B). Das Kind hat starke Trennungsängste entwickelt, schläft seit dem Unglück im Elternbett und vermeidet alle geschlossenen Räume (Kriterium C). Zusätzlich zeigen sich eine Reihe von Übererregungssymptomen, wie beispielsweise Konzentrationsprobleme, Hypervigilanz und übermäßige Schreckhaftigkeit (Kriterium D).

3.5 Andauernde Persönlichkeitsänderung nach Extrembelastung

Bei Menschen, die über lange Zeit mehrfach schwer traumatisiert werden, können sich *andauernde Persönlichkeitsänderungen (ICD-10, F62.0)* einstellen, die nur sehr schwer zu behandeln sind (vgl. Kasten 5). Diese im ICD-10 aufgeführte Störung, für die es im DSM-IV kein Äquivalent gibt, ist durch eine feindliche oder misstrauische Haltung gegenüber der Welt, durch sozialen Rückzug, Gefühle der Leere oder Hoffnungslosigkeit und ein chronisches Gefühl der Anspannung wie bei ständigem Bedrohtsein und Entfremdungsgefühl gekennzeichnet. Diese Diagnosekategorie sollte im Kindes- und Jugendalter sehr zurückhaltend angewendet werden.

Dieses Störungsbild kann einerseits eine chronische, irreversible Auswirkung der posttraumatischen Belastungsstörung sein, sie kann sich aber andererseits auch ohne vorangegangene posttraumatische Belastungsstörung entwickeln. Die Diagnose darf erst gestellt werden, wenn die posttraumatische Persönlichkeitsänderung über mindestens zwei Jahre bestanden hat. Es wird speziell darauf hingewiesen, dass die Belastung, welche dieses Syndrom auslöst, so extrem sein muss, dass die Vulnerabilität der betroffenen Person als Erklärung für die tiefgreifende Auswirkung auf die Persönlichkeit nicht ausreicht. Als Beispiele für Auslöser werden angeführt: Erlebnisse in einem Konzentrationslager, Folter, Katastrophen, andauernde lebensbedrohliche Situationen, z. B. als Opfer von Terrorismus.

Kasten 5 zeigt die diagnostischen Kriterien der andauernden Persönlichkeitsänderung nach Extrembelastung.

Kasten 5: Diagnosekriterien der andauernden Persönlichkeitsänderung nach Extrembelastung (ICD-10: F62.0).

A. Anhaltende Änderung in der Wahrnehmung, in der Beziehung und im Denken der Betroffenen in Bezug auf ihre Umgebung und sich selbst, nach einer Extrembelastung.

B. Ausgeprägte Persönlichkeitsänderung mit unflexiblem und unangepasstem Verhalten mit mindestens zwei der folgenden Symptome:
1. Feindliche oder misstrauische Haltung gegenüber der Welt.
2. Sozialer Rückzug.
3. Gefühl von Leere und/oder Hoffnungslosigkeit.
4. Gefühl von Nervosität oder von Bedrohung ohne äußere Ursache, gelegentlich verbunden mit der Neigung zu exzessivem Trinken oder Gebrauch psychotroper Substanzen.
5. Entfremdungsgefühl, unter Umständen verbunden mit dem Eindruck einer emotionalen Betäubung.

C. Deutliche Störung der sozialen Funktionsfähigkeit oder subjektives Leiden der Betroffenen mit negativen Auswirkungen auf ihre Umgebung.

D. Keine anamnestischen Hinweise auf vorbestehende Persönlichkeitsstörungen, die die augenblicklichen Persönlichkeitseigenschaftten erklären könnten.

E. Die Persönlichkeitsänderung muss seit mindestens zwei Jahren bestehen.

F. Die beschriebene Störung kann den chronischen Verlauf einer Posttraumatischen Belastungsstörung darstellen. Eine anhaltende Persönlichkeitsänderung sollten dennoch nur angenommen werden, wenn nach einer mindestens zweijährigen Posttraumatischen Belastungsstörung ein Zeitraum von nicht weniger als zwei Jahren besteht, in dem die oben angegebenen Kriterien erfüllt waren.

3.6 Weitere Störungen

Neben den oben erwähnten, klar definierten posttraumatischen Störungen, kann es nach traumatisierenden Ereignissen zu weiteren psychischen Krankheiten kommen, die allerdings heutzutage entweder noch nicht in die Klassifikationssysteme aufgenommen worden sind bzw. noch ungenügend definiert sind. Hierzu gehört beispielsweise das im Erwachsenenalter beschriebene Störungsbild der sog. *komplizierten oder traumatischen Trauer* (Maercker & Ehlert, 2001). Hierunter wird eine anhaltende schwere Beeinträchtigung der psychischen Gesundheit gesehen, die nach dem Todesfall einer bedeutsamen Bezugsperson entsteht und mit Symptomen einhergeht, die denjenigen einer posttraumatischen Belastungsstörung sehr ähnlich sein können. Diese Diagnose ist bisher allerdings bei Kindern noch nicht beschrieben worden. Es ist deshalb unklar, ob und wie diese Kategorie im Kindesalter angewendet werden kann.

Besonders chronisch traumatisierte Individuen leiden oft unter sehr komplexen Störungen, welche beispielsweise mit den Kriterien einer posttraumatischen Belastungsstörung nicht adäquat beschrieben werden können. Um diesen komplexen psychopathologischen Zustandsbildern besser gerecht zu werden, wird gegenwärtig die Einführung einer neuen Diagnosekategorie diskutiert, welche im Englischen *„Complex Posttraumatic Stress Disorder“* oder *„DESNOS“* (Disorder of Extreme Stress Not Otherwise Specified) genannt wird (Pelcovitz et al., 1997). Die vorläufige Konzeption dieses Syndroms beinhaltet eine Vielfalt von Symptomen, die über die typischen Symptome der posttraumatischen Belastungsstörung hinausgehen (z. B. Somatisierung, Dissoziation, affektive Veränderungen) sowie charakteristische Persönlichkeitsänderungen, die denjenigen der im ICD-10 definierten „Persönlichkeitsänderung nach Extrembelastung“ ähnlich sind. Über die Validität dieser Diagnosekategorie im Kindesalter ist zum jetzigen Zeitpunkt nichts bekannt.

3.7 Posttraumatische Störungen bei Säuglingen und Kleinkindern

Seit Mitte der 1990er Jahre gibt es vertiefte Versuche, die Validität der Diagnosekriterien einer posttraumatischen Belastungsstörung auch bei Säuglingen und Kleinkindern zu überprüfen (Scheeringa, Peebles, Cook & Zeanah, 2001; Scheeringa, Zeanah, Drell &

Larrieu, 1995; Scheeringa, Zeanah, Myers & Putnam, 2003). Eine Schwierigkeit, die sich bei der Diagnose posttraumatischer Auffälligkeiten in dieser Gruppe stellt, sind die eingeschränkten kognitiven und sprachlichen Fähigkeiten sehr junger Kinder. Die heute gültigen Diagnosekriterien einer posttraumatischen Belastungsstörung enthalten beispielsweise eine Reihe von Symptomen, die nur über das Gespräch und nicht über die Beobachtung erfasst werden können (z. B. Wiedererlebensymptome).

Mit Hilfe von publizierten Einzelfallstudien untersuchten Scheeringa et al. (1995) die Validität der Diagnosekriterien der posttraumatischen Belastungsstörung bei Säuglingen und Kleinkindern. Auf Grund ihrer Untersuchungen kamen die Autoren zum Schluss, dass posttraumatische Belastungsstörungen bei traumatisierten Säuglingen und Kleinkindern durchaus vorkommen, die herkömmlichen Diagnosekriterien jedoch in dieser Altersspanne nicht sensitiv genug sind. So fanden Scheeringa et al. (2001), dass durch die Verhaltensbeobachtung des traumatisierten Kindes und durch die Interaktion mit diesem lediglich 12 % der diagnostischen Kriterien gemäß DSM-IV identifiziert werden können. Die Autoren entwickelten deshalb Alternativkriterien für Säuglinge und Kleinkinder, welche eine deutlich bessere Validität aufweisen (vgl. Tabelle 2). Symptome, die nicht über das kindliche Verhalten und die Beobachtung desselben erfasst werden können, wurden dabei weggelassen oder alternativ formuliert. Die Anzahl zur Diagnose nötigen Symptome in den einzelnen Symptomgruppen wurde zudem auf je eines reduziert. Außerdem fügten Scheeringa et al. (1995) einen zusätzlichen Symptomcluster ein (Kriterium E), welcher neu auftretende Aggressionen und Ängste beinhaltet.

Tabelle 2: DSM-IV Diagnosekriterien für eine posttraumatische Belastungsstörung und Alternativkriterien für das Säuglings- und Kleinkindalter (Scheeringa et al., 1995)

DSM-IV Kriterien	Alternativkriterien
A. Beide Kriterien müssen erfüllt sein. 1. Traumatisches Ereignis 2. Spezifische Reaktion	*A.* Nur das Kriterium A1 muss erfüllt sein. 1. Bleibt unverändert 2. Entfällt
B. Wiedererleben; mindestens ein Symptom muss vorhanden sein. 1. Wiederkehrende, belastende Erinnerungen	*B.* Wiedererleben; mindestens ein Symptom muss vorhanden sein. 1. Posttraumatisches Spiel: Zwanghafte Wiederholung von Themen und Aspekten des Traumas, kein Angstabbau durch das Spiel. Weniger elaboriertes und kreatives Spiel 2. Nachspielen bestimmter Aspekte des Traumas, ohne zwanghaftes Wiederholen und anderen Charakteristika des posttraumatischen Spiels. 3. Wiederholte Erinnerung des traumatischen Ereignisses außerhalb des Spiels, ohne notwendiger offensichtlicher psychischer Belastung.

DSM-IV Kriterien	Alternativkriterien
2. Wiederkehrende belastende Träume	4. Albträume mit Bezug zum Trauma oder mit zunehmender Frequenz ohne wiedererkennbaren Inhalt.
3. Handeln oder Fühlen, als ob das traumatische Ereignis wiederkehrt. *Beachte:* Bei kleinen Kindern kann eine traumaspezifische Neuinszenierung auftreten.	5. Episoden mit objektiven Anzeichen eines Flashbacks oder von Dissoziation.
4. Intensive psychische Belastung bei der Konfrontation mit Hinweisreizen	6. Psychische Belastung bei der Konfrontation mit Hinweisreizen.
5. Körperliche Reaktionen bei der Konfrontation mit Hinweisreizen	
C. Vermeidungsverhalten, Abflachung der allgemeinen Reagibilität. Mindestens drei Symptome müssen vorhanden sein	*C.* Abflachung der Reagibilität. Reagibilität. Mindestens ein Symptom muss vorhanden sein.
1. Vermeiden von Gedanken, Gefühlen oder Gesprächen, die ans Trauma erinnern.	Entfällt
2. Vermeiden von Aktivitäten, Orten oder Menschen, die ans Trauma erinnern.	Entfällt
3. Unfähigkeit, einen wichtigen Aspekt des Traumas zu erinnern.	Entfällt
4. deutlich vermindertes Interesse oder verminderte Teilnahme an wichtigen Aktivitäten,	1. Einengung des Spielsverhaltens.
5. Gefühl der Losgelöstheit oder Fremdheit von anderen,	2. Sozialer Rückzug
6. eingeschränkte Bandbreite des Affekts	3. Eingeschränkte Bandbreite des Affekts
7. Gefühl einer eingeschränkten Zukunft	Entfällt
	4. Verlust erworbener Fähigkeiten, insbesondere im Bereich der Sprache und der Sauberkeitserziehung.
D. Erhöhter Arousal. Mindestens zwei Symptome müssen vorhanden sein	*D.* Erhöhter Arousal. Mindestens ein Symptom muss vorhanden sein.
1. Schwierigkeiten ein- oder durchzuschlafen	1. Nächtliche Angstzustände 2. Einschlafschwierigkeiten 3. Nächtliches Erwachen (nicht wegen Albträumen oder Angstzuständen)
2. Reizbarkeit oder Wutausbrüche,	Entfällt.
3. Konzentrationsschwierigkeiten,	4. Schlechtere Konzentrationsfähigkeit im Vergleich zu vor dem Trauma.

DSM-IV Kriterien	Alternativkriterien
4. Übermäßige Wachsamkeit (Hypervigilanz), 5. Übertriebene Schreckreaktion.	5. Übertriebene Wachsamkeit (Hypervigilanz) 6. Übertriebene Schreckreaktion *E.* Neue Ängste und Aggression. Mindestens ein Symptom muss vorhanden sein. 1. Neu auftretende Aggression 2. Neu auftretende Trennungsangst 3. Angst, alleine auf die Toilette zu gehen 4. Angst vor der Dunkelheit 5. Andere Ängste vor Dingen oder Situationen, die offensichtlich traumabezogen sind.
E. Das Störungsbild dauert länger als ein Monat.	*F.* Das Störungsbild dauert länger als ein Monat.
F. Das Störungsbild verursacht in klinisch bedeutsamer Weise Leiden oder Beeinträchtigungen in sozialen, beruflichen oder anderen wichtigen Funktionsbereichen.	Entfällt.

4 Diagnostik

4.1 Grundlagen der Diagnostik

Die Erfassung und Diagnose posttraumatischer psychischer Störungen sollte sich auf die allgemeinen Grundlagen klinisch-psychologischer Diagnostik abstützen, wie sie beispielsweise von Döpfner, Lehmkuhl, Petermann und Scheithauer (2002) beschrieben werden. Die klinische Diagnostik umfasst dabei nicht nur die Feststellung und Benennung der Störung, sondern dient auch der konkreten Therapieplanung. Kasten 6 gibt eine Übersicht über die verschiedenen Phasen des diagnostischen Prozesses bei Kindern mit posttraumatischen psychischen Auffälligkeiten.

Kasten 6: Phasen des diagnostischen Prozesses
1. Sorgfältige Entwicklungsanamnese
Entwicklung Bedeutsame Lebensereignisse Psychopathologische Vorbelastung
2. Abklärung der familiären und sozialen Umstände
Familiäre Bedingungen Schulische Bedingungen Soziale Bedingungen
3. Genaue Traumaanamnese
Objektive Informationen Subjektive Bewertungen
4. Störungsspezifische Verhaltens- und Psychodiagnostik
Geeignete Verfahren Multiple Informanten Komorbidität abklären

Zunächst ist die Erhebung einer sorgfältigen Entwicklungsanamnese von hoher Bedeutung. Ein besonderer Schwerpunkt soll dabei auf die Erfassung individueller Ressourcen, signifikanter Lebensereignisse sowie allfällig vorhandener, psychopathologischer Vorbelastungen gelegt werden, da diese Faktoren die Traumabewältigung beeinflussen (vgl. Kapitel 6).

Die sorgfältige Abklärung der familiären, schulischen und sozialen Umstände liefert sodann wichtige Informationen zu den Bedingungen, in welchen das Kind lebt und erlaubt damit Aussagen zur Qualität des zur Bewältigung eines Traumas emminent wichtigen sozialen Umfeldes. Ein besonderes Augenmerk sollte auch auf die psychische Gesundheit der Eltern gelegt werden, insbesondere natürlich wenn sie das traumatische Ereignis miterlebt haben.

Dann sollte im Rahmen des diagnostischen Prozesses sehr ausführlich die Traumaanamnese erhoben werden. Einerseits müssen dabei objektive Informationen zum Ereignis erfasst werden (Tatsachenwissen). Dabei können Spielsachen und Skizzen als Hilfsmittel verwendet werden, um das Ereignis zu beschreiben. Andererseits aber muss in Erfahrung gebracht werden, wie das betroffene Kind subjektiv das Trauma erlebt hat und bewertet. Hat das Kind Angst gehabt, hat es um sein Leben gefürchtet, hat es allenfalls Schuldgefühle im Zusammenhang mit dem Ereignis? Studien zeigen, dass diese traumabezogenen, subjektiven Bewertungen einen hohen prädiktiven Wert in Bezug auf die Entwicklung posttraumatischer Belastungsstörungen haben (vgl. Kapitel 6). Keinesfalls darf der Kinderpsychologe oder -psychiater auf Grund der objektiven Merkmale des traumatischen Ereignisses selbst auf die kindlichen Kognitionen schließen. Die Befragung traumatisierter Kinder verlangt sicherlich besonderes Feingefühl, damit es im Rahmen des diagnostischen Prozesses nicht zu einer Retraumatisierung kommt. Es ist in diesem Zusammenhang außerordentlich hilfreich, wenn der Kliniker über vorgängige Informationen zur Art des Traumas verfügt.

Im Anschluss an die Traumaanamnese folgt die störungsspezifische Psychodiagnostik. Grundvoraussetzungen einer seriösen Diagnostik sind die Verwendung überprüfter, d. h. valider und reliabler Messinstrumente sowie gut ausgebildete Fachpersonen, die diese Instrumente anwenden. Die Symptomatik muss dabei durch ein sorgfältiges klinisch-psychologisches Interview mit dem betroffenen Kind sowie im Rahmen eines Gesprächs mit den Eltern differenziert erfasst werden (vgl. Abbildung 5). Die alleinige Abstützung der Diagnose auf elterliche Informationen ist zu unterlassen, da Eltern nachgewiesenermaßen die posttraumatische Symptomatik ihrer Kinder häufig unterschätzen (Yule & Williams, 1990). Es ist sicherlich empfehlenswert, wenn auch die Lehrperson oder andere im Alltag des Kindes bedeutsame Bezugspersonen zu ihrer Einschätzung des kindlichen Verhaltens und Befindens befragt werden. Neben allgemeinen, auf der Basis von ICD-10 und DSM-IV entwickelten hoch-strukturierten Interviewverfahren (z. B. Kinder-DIPS von Unnewehr, Schneider und Margraf, 1995) und Diagnosechecklisten empfiehlt sich der Einsatz spezifischer Diagnoseinstrumente, die für den Einsatz bei traumatisierten Kindern und Jugendlichen entwickelt worden sind.

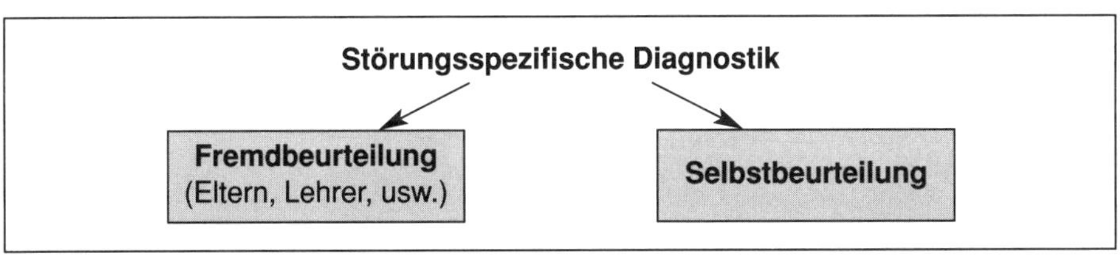

Abbildung 5: Informationsquellen bei der störungsspezifischen Diagnostik

Bei Kindern im Schulalter und Jugendlichen kann beispielsweise eine Reihe von Fragebogenverfahren bzw. standardisierten Interviewleitfäden eingesetzt werden (Nader, 1997). Eine Übersicht der aktuell verfügbaren Skalen findet sich bei Ohan, Myers und Collett (2002). Der überwiegende Teil dieser Verfahren ist allerdings bisher in deutscher Sprache nicht erhältlich.

Messintrumente zur Erfassung der allgemeinen psychischen Auffälligkeit (z. B. Verhaltensfragebögen wie die Child Behavior Checklist von Achenbach, 1991), wie sie in der kinderpsychiatrischen Diagnostik häufig eingesetzt werden, sind in der Regel nicht in der Lage, die spezifischen posttraumatischen Symptome zu identifizieren. Sie sollten deshalb bei psychisch traumatisierten Kindern nur ergänzend eingesetzt werden und dienen der Feststellung allfälliger komorbider Symptome. Im Einzelsetting ist die Diagnostik in der Regel im Rahmen eines klinischen Interviews durchzuführen. Im Gegensatz dazu ist der Einsatz von Fragebogenverfahren dann sinnvoll, wenn eine große Zahl von Kindern untersucht werden soll, wie beispielsweise nach einer Naturkatastrophe oder bei kriegerischen Ereignissen.

Bei einem chronischen Verlauf der posttraumatischen Belastungsstörung werden häufig komorbide Störungen entwickelt (vgl. Abbildung 6), welche die Diagnose erschweren können. Im Vordergrund stehen hierbei Ängste und depressive Symptome. Hier ist der Einsatz weiterer klinisch diagnostischer Verfahren angezeigt. Wegen der Ähnlichkeit einiger Symptome der posttraumatischen Belastungsstörung mit psychotischem Erleben – beispielsweise werden intrusive Erinnerungsbilder fälschlicherweise als Halluzinationen bewertet – besteht die Gefahr von Fehldiagnosen aus dem Bereich der Schizophrenie. Dies kann und muss mit einer von einer Fachperson duchgeführten, sorgfältigen und kompetenten Diagnostik unter allen Umständen vermieden werden.

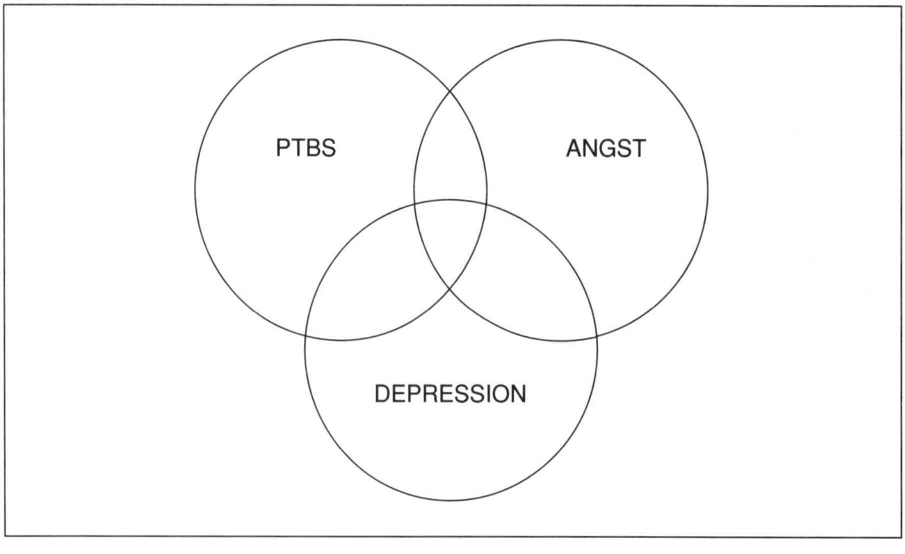

Abbildung 6: Komorbidität posttraumatischer Störungen

Eine besondere Schwierigkeit stellt die Diagnose posttraumatischer Belastungsreaktionen im Kleinkind- und Säuglingsalter dar. In diesem frühen Lebensalter ist die Validität der heutigen Kriterien nicht nachgewiesen. Wie in Kapitel 3 dargelegt, gibt es allerdings vielversprechende Versuche, eigene Diagnoseleitlinien für psychisch traumatisierte Säuglinge und Kleinkinder zu entwickeln (Scheeringa et al., 1995; Scheeringa et al., 2003). Diese Diagnoseleitlinien sollten in absehbarer Zeit auch in deutscher Sprache verfügbar sein.

Es gibt eine Reihe von standardisierten diagnostischen Verfahren zur spezifischen Erfassung posttraumatischer Belastungssymptome bei Kindern und Jugendlichen. Im Folgenden sollen diejenigen Diagnoseverfahren näher vorgestellt werden, die heute in deutscher Sprache verfügbar sind sowie jene aus dem angelsächsischen Raum, die sich besonders bewährt haben.

4.2 Verfahren zur Erfassung posttraumatischer Störungen

4.2.1 Child PTSD Reaction Index

Der *Child Posttraumatic Stress Disorder Reaction Index CPTSD-RI* (Frederick, Pynoos & Nader, 1992) ist das im Bereich der Kinderpsychotraumatologie schon am längsten im Einsatz stehende diagnostische Verfahren. Die einzelnen Items sind so formuliert, dass sie ungefähr ab dem Alter von sieben Jahren verstanden werden können. Seit kurzem ist der CPTSD-RI auch in einer deutschen Übersetzung verfügbar (Landolt, Vollrath, Ribi, Timm et al., 2003). Dieses Instrument kann als Interview oder als Fragebogen eingesetzt werden und enthält 20 Items mit einer 5-stufigen Antwortskala, welche eine Vielfalt von posttraumatischen Belastungsreaktionen erfassen (vgl. Tabelle 3). Durch Summierung der einzelnen Itemwerte wird ein Gesamtscore errechnet. Trotz hoher Korrelation dieses Gesamtscores mit der Diagnose einer posttraumatischen Belastungsstörung gemäß DSM-IV (McDermott & Cvitanovich, 2000; Pynoos et al., 1993), ermöglicht der CPTSD-RI allerdings keine kategoriale Diagnose. Stattdessen können die Summenwerte auf Grund publizierter Grenzwerte folgenden Schweregraden einer posttraumatischen Belastungsreaktion zugeordnet werden (Frederick et al., 1992):

- Summenwert 12 bis 24: leichte posttraumatischen Belastungsreaktion;
- Summenwert 25 bis 39: Mittelschwere posttraumatischen Belastungsreaktion;
- Summenwert 40 bis 59: Schwere posttraumatischen Belastungsreaktion;
- Summenwert > 59: Sehr schwere posttraumatischen Belastungsreaktion.

Summenwerte über dem Grenzwert von 24 werden dabei als klinisch relevant betrachtet.

Mit Hilfe des CPTSD-RI können auch Subskalenwerte berechnet werden, indem die Items gemäß den drei Symptomkategorien der posttraumatischen Belastungsstörung (Wiedererleben, Vermeidung, Übererregung) gruppiert werden (Goenjian et al., 1994). Die Symptomkategorie „Wiedererleben“ beinhaltet die Items 2 bis 6 und 17, die Symptomkategorie „Vermeidung“ die Items 7 bis 10, 14, 16 und 18, die Symptomkategorie „Übererregung“ die Items 11, 12, 15, 19 und 20. Die Items 1 und 13 können keiner Symptomkategorie zugeordnet werden, da sie andere Symptome erfassen.

Eine Reihe von Studien belegt eine gute internale Konsistenz dieses Erfassungsinstrumentes (Goenjian et al., 1994; Nader & Fairbanks, 1994). In der bisher einzigen Studie mit der deutschen Version des CPTSD-RI betrug die internale Konsistenz zwischen $\alpha = .82$ und $\alpha = .78$ (Landolt, Vollrath, Ribi, Timm et al., 2003).

Tabelle 3: Erfasste Symptome im CPTSD-RI (Frederick et al., 1992; Landolt, Vollrath, Ribi, Timm et al., 2003)

Item-Nummer	Beschreibung
1	Ist das Geschehene etwas, was die meisten Kinder aus der Fassung bringen würde?
2	Ängste bei Reizen, die an das Trauma erinnern.
3	Traumabezogene Bilder oder Geräusche.
4	Gegen den Willen an das Ereignis denken müssen.
5	Träumen vom Ereignis.
6	Angst vor Wiederholung des Traumas.
7	Keine Freude mehr an Hobbies und anderen Tätigkeiten, die das Kind früher gerne gemacht hat.
8	Gefühl, mit seinen Emotionen alleine und unverstanden zu sein.
9	Affektive Abstumpfung.
10	Aus Angst oder Trauer nicht über das Ereignis sprechen können.
11	Erhöhte Schreckhaftigkeit.
12	Schlafstörungen.
13	Schuldgefühle in Bezug auf das Geschehene.
14	Schwierigkeiten beim Lernen für die Schule.
15	Konzentrationsprobleme.
16	Traumabezogene Dinge und Orte vermeiden.
17	Angst bei traumabezogenen Erinnerungsreizen.
18	Neu aufgetretenes regressives Verhalten.
19	Neu aufgetretene Schmerzen oder körperliche Beschwerden.
20	Vermehrtes Auftreten früher unerwünschten Verhaltens (streiten, nicht gehorchen, Risikoverhalten).

4.2.2 Impact of Events Scale

Die *Impact of Events Scale (IES)* wurde zur Erfassung posttraumatischer psychischer Symptome bei Erwachsenen entwickelt (Horowitz, 1976; Weiss, 2002). Sie entstand noch vor der Einführung der Diagnose der posttraumatischen Belastungsstörung im

DSM-III und erfasst mit 15 Items Vermeidungs- und Intrusionssymptome. Die Skala wurde – wenn auch ohne altersadäquate Modifikationen – im Forschungskontext erfolgreich auch bei Kindern ab dem Alter vom 8 Jahren eingesetzt (Yule, Bruggencate & Joseph, 1994) und verfügt über gute bis exzellente psychometrische Eigenschaften. Im Laufe der Zeit wurde die IES verschiedentlich überarbeitet und insbesondere um Fragen zu Übererregungssymptomen ergänzt. Smith, Perrin, Dyregrov und Yule (2003) haben vor kurzem über den erfolgreichen Einsatz einer 13-Item-Version der IES bei kriegsversehrten Kindern berichtet. Die IES wurde in sehr viele Sprachen übersetzt und liegt auch in einer deutschen Version vor, die sich von der englischen Originalversion ebenfalls durch die Hinzufügung einer Subskala zur Erfassung von Übererregungssymptomen unterscheidet (Ferring & Filipp, 1994).

Die Anwendung der IES ist – auf Grund der auf Erwachsene ausgerichteten Formulierung der Fragen – erst ab dem Jugendalter zu empfehlen und geht mit dem Nachteil einher, dass keine kategoriale Diagnose einer posttraumatischen Belastungsstörung gemäß DSM-IV oder ICD-10 möglich ist. Wie die Erfahrungen von Yule et al. (1994) gezeigt haben, kann die Skala im Rahmen eines klinischen Interviews allenfalls auch bei Kindern im Alter von 8 bis 12 Jahren nutzbringend eingesetzt werden.

4.2.3 Clinician-Administered PTSD Scale for Children and Adolescents (CAPS-CA)

Die *Clinician-Administered PTSD Scale for Children and Adolescents (CAPS-CA)* ist ein strukturiertes klinisches Interview, welches auf den DSM-IV-Kriterien der posttraumatischen Belastungsstörung beruht und bei Kindern und Jugendlichen im Alter von 8 bis 18 Jahren eingesetzt werden kann (Nader et al., 2002). Das Kind wird im Interview zunächst zum Ablauf des traumatisierenden Ereignisses sowie zu seinen damit zusammenhängenden Gedanken und Gefühlen befragt (Kriterium A). Danach werden alle 17 Symptome der posttraumatischen Belastungsstörung einzeln erhoben, einschließlich der Zusatzkriterien für Kinder. Die Formulierung der Items ist so, dass diese von Kindern im Schulalter gut verstanden werden können. Zudem sind für jede Fragestellung je nach Alter und Bildungsstand des Kindes alternative Formulierungs- und Erklärungsmöglichkeiten vorgesehen. Die einzelnen Symptome sollen vom Kind jeweils nach ihrer Häufigkeit und Intensität auf einer fünfstufigen Skala eingeschätzt werden. Zum besseren Verständnis werden dem Kind zur Beantwortung der Fragen Bilder vorgelegt, welche die Antwortmöglichkeiten verdeutlichen. Neben der momentanen und/oder Lebenszeit-Diagnose einer posttraumatischen Belastungsstörung ermöglicht diese Skala auch eine Einschätzung des Schweregrades der Störung sowie eine Beurteilung der Auswirkungen auf wichtige Lebensbereiche. Auch für die einzelnen Symptombereiche (Wiedererleben, Vermeidungsverhalten, Übererregung) können Mittelwerte bestimmt werden, die Auskunft über den Schweregrad der einzelnen Symptomcluster ermöglichen. Angaben zur Reliabilität und Validität der CAPS-CA sind zum jetzigen Zeitpunkt noch keine vorhanden. Zumindest die Validität sollte allerdings auf Grund der Abstützung der einzelnen Items auf die DSM-IV Kriterien gegeben sein. Eine deutsche Version des Instrumentes ist unter dem Titel *Interviews zu Belastungsstörungen bei Kindern und Jugendlichen. Diagnostik der Akuten und der Postraumatischen Belastungsstörung (IBS-KJ)* in Vorbereitung (Steil & Füchsel, 2004) und wird im Jahr 2004 verfügbar sein.

4.2.4 Children's PTSD Inventory

Das *Children's PTSD Inventory (CPTSDI)* ist ein standardisiertes Interview, mit dessen Hilfe bei Kindern und Jugendlichen im Alter von 7 bis 18 Jahren die Symptome der posttraumatischen Belastungsstörung gemäß DSM-IV erfasst werden können (Saigh et al., 2000). Die entsprechenden Symptome wurden in eine für Kinder verständliche Sprache übersetzt. Reliabilität, internale Konsistenz und Validität dieses Instrumentes sind gut bis ausgezeichnet. Da es sich beim CPTSDI um ein erst kürzlich publiziertes Verfahren handelt, sind noch kaum Studien verfügbar und eine abschließende Beurteilung ist zum jetzigen Zeitpunkt noch verfrüht. Zweifellos handelt es sich hierbei jedoch um ein vielversprechendes Instrument, welches neben der kategorialen Diagnose einer posttraumatischen Belastungsstörung auch eine Einschätzung des Schweregrades der Störung ermöglicht. Eine deutsche Version ist zum jetzigen Zeitpunkt nicht verfügbar.

4.2.5 Trauma Symptom Checklist for Children

Die *Trauma Symptom Checklist for Children (TSCC)* ist ein Fragebogenverfahren, welches bei Kindern im Alter von 7 bis 16 Jahren posttraumatische Symptome erfasst, allerdings keine kategoriale Diagnose ermöglicht (Briere, 1996). Das Instrument verfügt über 54 Items, die sechs folgenden Skalen zugeordnet werden können: Angst, Depression, Wut, posttraumatischer Stress, Dissoziation und sexuelle Sorgen. Internale Konsistenz, Reliabilität und Validität sind befriedigend bis gut (Briere, 1996). Im Gegensatz zu anderen Erhebungsinstrumenten ist die TSCC an einer großen Gruppe von Kindern der amerikanischen Allgemeinbevölkerung normiert. Dies erlaubt den individuellen Vergleich eines traumatisierten Kindes mit alters- und geschlechtsbezogenen Normen. Die Vorteile der TSCC liegen in der multidimensionalen – d. h. nicht alleine auf die Symptome der posttraumatischen Belastungsstörung zentrierten – Erfassung möglicher Symptome nach einem akuten oder chronischen Trauma. Dadurch ist es möglich, ein eigentliches Profil posttraumatischer Reaktionen und damit allfällig vorhandene komorbide Störungen zu erfassen. Die TSCC liegt seit kurzem auch in einer Elternversion für 3- bis 12-jährige Kinder vor. Eine deutsche Version der TSCC ist bisher nicht verfügbar.

4.2.6 Child PTSD Symptom Scale

Die *Child PTSD Symptom Scale (CPSS)* ist ein Fragebogenverfahren, mit dessen Hilfe die Symptome der posttraumatischen Belastungsstörung gemäß DSM-IV bei Kindern und Jugendlichen im Alter von 8 bis 15 Jahren erfasst werden können (Foa, Johnson, Feeny & Treadwell, 2001). Die einzelnen Items sind so formuliert, dass sie von Kindern gut verstanden werden können. Neben der kategorialen Diagnose und der Feststellung des Schweregrads der posttraumatischen Belastungsstörung, ermöglicht das Instrument auch die Ermittlung von Mittelwerten zu den DSM-IV-Symptomclustern B, C und D der posttraumatischen Belastungsstörung. Die Skala verfügt in der amerikanischen Originalversion über befriedigende bis gute psychometrische Kennwerte (Foa et al., 2001). Der Vorteil der CPSS liegt in der ökonomischen Anwendung. Das Verfahren ist allerdings in wissenschaftlichen und klinischen Alltag noch kaum erprobt. Eine deutsche Übersetzung liegt nicht vor.

4.3 Hinweise zur Auswahl geeigneter Diagnoseinstrumente

Die Auswahl eines geeigneten standardisierten Messinstrumentes zur Erhebung der posttraumatischen Symptomatik im Kindesalter richtet sich zunächst nach der Verfügbarkeit entsprechender Skalen im deutschsprachigen Raum und sodann auch nach dem Ziel, welches mit der Diagnostik verfolgt werden soll.

Steht die Erfassung einer kategorialen Diagnose gemäß DSM-IV im Mittelpunkt der Bemühungen, drängt sich zum heutigen Zeitpunkt der Einsatz der *Clinician-Administered PTSD Scale for Children and Adolescents (CAPS-CA)* (dt. Version: Interviews zu Belastungsstörungen bei Kindern und Jugendlichen (IBS-KJ) von Steil & Füchsel, 2004) auf. Dieses Instrument ermöglicht neben der kategorialen Diagnose zudem auch eine Einschätzung des Schweregrades der posttraumatischen Reaktion. Allerdings ist der Einsatz der im Rahmen eines klinischen Interviews durchzuführenden CAPS-CA (dt. Version: IBS-KJ) zeitlich aufwändig.

Wenn im klinischen oder wissenschaftlichen Kontext nicht die kategoriale Diagnose der posttraumatischen Belastungsstörung im Vordergrund der Exploration steht, sondern eher die Art und der Schweregrad der Symptome, kann der Einsatz des *Child Posttraumatic Stress Disorder Reaction Index (CPTSD-RI)* empfohlen werden. Dieses Instrument ist weltweit in vielen unterschiedlichen Kulturen validiert und seit kurzem auch in deutscher Sprache verfügbar (Landolt, Vollrath, Ribi, Timm et al., 2003). Die Möglichkeit, die Skala sowohl in Form eines Fragebogens, als auch im Rahmen eines Interviews durchzuführen, erhöht die Attraktivität für den klinischen und wissenschaftlichen Einsatz dieses auch in ökonomischer Hinsicht vorteilhaften Verfahrens (20 Items).

Es ist zu hoffen, dass mit zunehmender psychotraumatologischer Forschungstätigkeit im deutschsprachigen Raum, die Auswahl geeigneter Erfassungsinstrumente in absehbarer Zukunft erhöht wird.

5 Epidemiologie

5.1 Allgemeinbevölkerung

In der Allgemeinbevölkerung durchgeführte epidemiologische Studien, welche die Häufigkeit psychischer Auffälligkeiten bei Kindern und Jugendlichen nach psychotraumatischen Ereignissen untersuchen, beziehen sich fast ausschließlich auf das Syndrom der posttraumatischen Belastungsstörung und berücksichtigen erst das Alter ab etwa 12 Jahren. Aus dem deutschsprachigen Raum sind zwei Studien verfügbar, welche die Prävalenz posttraumatischer Belastungsstörungen im Jugendalter, bzw. im jungen Erwachsenenalter untersuchten. In der Bremer Jugendstudie (Essau et al., 1999) fand sich bei 12- bis 17-jährigen Jugendlichen eine Lebenszeitprävalenz von 1.6 %. Insgesamt berichteten 22.5 % der Befragten, irgendwann in ihrem bisherigen Leben ein traumatisches Ereignis erlebt zu haben. Am häufigsten wurden körperliche Angriffe, Verletzungen und schwerwiegende Unfälle berichtet. Jungen erlebten signifikant häufiger traumatische Ereignisse als Mädchen. Die posttraumatische Belastungsstörung trat in hohem Maße komorbid mit depressiven und somatoformen Störungen sowie mit Substanzmittelabusus auf.

Zu vergleichbaren Resultaten kam die Studie von Perkonigg et al. (2000), in welcher eine repräsentative Stichprobe von 14- bis 24-jährigen Personen aus der Region München untersucht wurde. 26 % der Männer und 17.7 % der Frauen berichteten über mindestens ein traumatisches Ereignis in ihrem Leben. Die Lebenszeitprävalenz der posttraumatischen Belastungsstörung betrug in dieser Untersuchung 1.3 %. Auffallend war auch in dieser Stichprobe die hohe Komorbidität von posttraumatischen Belastungsstörungen mit anderen psychischen Störungen.

Verglichen mit den Befunden aus Deutschland zeigen internationale epidemiologische Studien teilweise deutlich höhere Lebenszeitprävalenzraten der posttraumatischen Belastungsstörung in der Allgemeinbevölkerung. In einer repräsentativen Stichprobe dänischer Jugendlicher betrug die entsprechende Rate beispielsweise 9 % (Elklit, 2002). In amerikanischen Studien schwanken die Prävalenzraten zwischen 6.3 % (Giaconia et al., 1995) und 9.2 % (Breslau, Davis & Andreski, 1991). Damit gehört die posttraumatische Belastungsstörung zweifellos zu den häufigsten psychischen Störungen.

5.2. Traumatisierte Gruppen

5.2.1. Gewalt

Naturgemäß gibt es eine Vielzahl von Studien zu den psychotraumatologischen Folgen von Gewalt bei Kindern. Am besten untersucht sind die Auswirkungen von Geiselnahmen, Kriegsereignissen und Kindesmisshandlungen. Über die Folgen von terroristischen Anschlägen auf Kinder und Jugendliche ist dagegen zum jetzigen Zeitpunkt noch wenig bekannt.

Geiselnahme und Schießereien

Die wohl berühmteste und in ihrer Bedeutung bis heute nachwirkende Studie geht auf die amerikanische Kinderpsychiaterin und Kinderanalytikerin Lenore Terr zurück, welche die sogenannten „Kinder von Chowchilla" aus psychotraumatologischer Sicht über viele Jahre nachuntersucht hat (Terr, 1979, 1983, 1990, 1991). Diese Kinder hatten im Jahre 1976 die Entführung ihres Schulbuses durch zwei Männer erlebt und waren unter anderem während vieler Stunden in einem Erdloch eingeschlossen, wo sie alle um ihr Leben fürchten mussten, sich schließlich aber selbst befreien konnten. Terr befragte in der Folge auf sehr sorgfältige und genaue Art und Weise die 25 entführten Kinder mehrmals zu den Folgen dieses Ereignisses und beschrieb viele der Symptome der damals noch nicht bekannten posttraumatischen Belastungsstörung. Die Autorin konnte zeigen, dass alle betroffenen Kinder auch vier Jahre nach der Geiselnahme noch deutliche Symptome aufwiesen und dass sich die kindlichen Symptome zum Teil von jenen Erwachsener unterschieden (Terr, 1983).

Eine vergleichbar wichtige und oft zitierte Studie zu den Auswirkungen von Gewalt stammt von Pynoos et al. (1987) und Nader, Pynoos, Fairbanks und Frederick (1990), welche die Folgen eines mit einer Schießerei verbundenen Amoklaufes in einer amerikanischen Schule untersuchten. Die Autoren stellten fest, dass 38 % der 159 Schulkinder unter mittelschweren bis schweren posttraumatischen Symptomen litten und dass insbesondere Kinder, welche das Opfer des Amoklaufes gekannt hatten und sich in der Nähe der Schießerei befanden, eine hohe Symptombelastung aufwiesen. Zu ähnlichen Ergebnissen kommen auch andere Studien, welche Kinder nach Amokläufen oder Geiselnahmen in der Schule untersucht haben (Jessee, Strickland & Ladewig, 1992; Schwarz & Kowalski, 1991a, 1991b; Vila, Porche & Mouren-Simeoni, 1999).

Kindesmisshandlung

Studien bei körperlich und sexuell misshandelten Kinder zeigen durchwegs deutlich erhöhte Raten posttraumatischer Belastungsstörungen und lassen damit den Schluss zu, dass solche Störungen eine häufige Folge von Misshandlungen sind (Ackerman, Newton, McPherson, Jones & Dykman, 1998; Famularo, Fenton, Kinscherff & Augustyn, 1996; Lansford et al., 2002; McLeer, Deblinger, Henry & Orvaschel, 1992; D. A. Wolfe, Sas & Wekerle, 1994). Famularo et al. (1996) fanden bei 117 misshandelten Kindern mittels strukturierter Interviews eine Prävalenz der posttraumatischen Belastungsstörung von 35 %. Zu ähnlichen Resultaten kamen Wolfe et al. (1994). Ackerman et al. (1998) verglichen drei Gruppen von Kindern, welche auf unterschiedliche Arten misshandelt worden waren und berichten von Prävalenzraten zwischen 18 und 58 %. Besonders gefährdet waren Kinder, die sowohl körperlich als auch sexuell misshandelt worden waren. Zudem zeigten misshandelte Mädchen öfter posttraumatische Belastungsstörungen als Jungen, was auch die Studie von Wolfe et al. (1994) bestätigte.

Krieg

Es gibt eine Reihe von Studien aus unterschiedlichen Kulturen, welche die Häufigkeit posttraumatischer Störungen bei Kinder und Jugendlichen im Zusammenhang mit kriegerischen Auseinandersetzungen untersucht haben. Saigh (1991) fand in einer Stichprobe kriegsversehrter Kinder aus dem Libanon eine Prävalenz der posttraumatischen Belastungsstörung von 27 %. Mit 41 % deutlich höher war die Prävalenzrate bei palästinensischen Kindern aus dem Gaza-Streifen (Thabet & Vostanis, 1999). Die entsprechenden Raten bei Kindern, die den Balkankrieg erlebt haben, liegen zwischen 52 % und 74 % (Kuterovac, Dyregrov & Stuvland, 1994; Smith, Perrin, Yule, Hacam & Stuvland, 2002). Eine vergleichbare Prävalenz der posttraumatischen Belastungsstörung wurde schließlich auch bei Flüchtlingskindern aus Kambodscha (Kinzie, Sack, Angell, Manson & Rath, 1986; Realmuto et al., 1992) und Zentralamerika (Arroyo & Eth, 1985) gefunden. Unter Berücksichtigung methodischer Inkonsistenzen zwischen den verschiedenen Studien, zeigen die Befunde insgesamt, dass bis zur Hälfte der kriegstraumatisierten Kinder und Jugendlichen auch Jahre nach den traumatisierenden Ereignissen noch unter klinisch bedeutsamen Störungen leidet, welche die Diagnosekriterien einer posttraumatischen Belastungsstörung erfüllen.

Terrorismus

In neuester Zeit werden immer mehr Kinder auch durch terroristische Anschläge bedroht und betroffen. Insbesondere der Anschlag auf das World Trade Center in New York am 11. September 2001 stellt diesbezüglich einen Wendepunkt dar. Seither sind terroristische Gefahren auf Grund einer breiten medialen Resonanz auch ins Bewusstsein von Kindern und Jugendlichen aus westlichen Industrieländern gekommen. Das Besondere bei terroristischen Bedrohungen ist die Tatsache, dass jedes Individuum jederzeit und an jedem Ort Opfer eines Anschlages werden könnte. Entsprechende Anschläge fordern zudem oft sehr viele Opfer und wirken deshalb besonders traumatisch (Gurwitch, Sitterle, Young & Pfefferbaum, 2002; Pfefferbaum et al., 2003). Untersuchungen bei Kindern, die terroristische Ereignisse erlebt haben, stammen vorwiegend aus Ländern im Nahen Osten. Insgesamt zeigen die Studien, dass zwischen 28 und 50 % der betroffenen Kinder eine posttraumatische Belastungsstörung entwickeln, die über Jahre andauern kann (Ayalon, 1993; Elbedour, Baker, Shalhoub-Kevorkian, Irwin & Belmaker, 1999; Gurwitch et al., 2002).

Der Bombenanschlag von Oklahoma City im Jahre 1995 war das erste terroristische Ereignis, welches in einem nicht im Krieg stehenden Land stattfand und dessen psychotraumatologische Auswirkungen systematisch untersucht wurden. Dabei zeigten sich nach drei Monaten bei 66 % und nach neun Monaten bei 55 % der Kinder im Vorschul- und Schulalter deutliche posttraumatische Symptome (Pfefferbaum et al., 1999; Pfefferbaum et al., 2000). Die Forscher wiesen zudem nach, dass bei Schulkindern die Exposition gegenüber ereignisbezogenen Fernsehbildern der stärkste Prädiktor einer posttraumatischen Belastungsstörung war (Pfefferbaum et al., 2001).

Erste präliminäre Befunde aus Studien zu den Folgen des Anschlages auf das World Trade Center in New York im Jahre 2001 zeigen, dass ungefähr 35 % der Kinder von Manhattan klinisch relevante Stresssymptome aufwiesen (Hoven, Duarte & Mandell, 2003). Galea et al. (2002) fanden, dass 22 % der Kinder aus Manhattan nach dem terroristischen Anschlag in irgendeiner Form psychologisch betreut werden mussten.

5.2.2 Naturkatastrophen

Es gibt eine Reihe von Studien bei Kindern, welche Naturkatastrophen wie Erdbeben, Wirbelstürme oder Überschwemmungen erlebt haben. Im Gegensatz zu anderen traumatischen Ereignissen, sind in der Regel bei Naturkatastrophen sehr viele Menschen gleichzeitig betroffen. Neben Verletzungen und Todesfällen kommt es zudem zu einer oft weitreichenden Zerstörung der Lebensgrundlagen, was die Bewältigungsbemühungen von Überlebenden zusätzlich massiv erschwert (La Greca & Prinstein, 2002). Die Befunde zeigen erwartungsgemäß, dass eine bedeutsame Zahl der betroffenen Kinder und Jugendlichen auch Monate bis Jahre nach solchen Ereignissen an posttraumatischen psychischen Auffälligkeiten leidet.

Wirbelstürme

Besonders gut untersucht sind die Folgen von Wirbelstürmen in den USA. Typischerweise finden sich klinisch bedeutsame Symptome bei 30 bis 50 % der Kinder (La Greca & Prinstein, 2002), wobei ein klarer Zusammenhang zwischen dem Ausmaß der Symptome und dem Grad der Exposition besteht. So betrug beispielsweise in der Studie von Lonigan, Shannon, Finch, Daugherty und Saylor (1991) die Inzidenz posttraumatischer Belastungsstörungen bei Kindern, welche nur am Rande vom Wirbelsturm Hugo betroffen wurden, lediglich 5.1 %. Dagegen litten 30 % der Kinder im Haupteinzugsgebiet des Sturmes unter einer solchen Störung. Shaw et al. (1995) untersuchten 144 Kinder rund acht Wochen nach dem Wirbelsturm Andrew. 39 % der Kinder aus wenig betroffenen Gegenden und 56 % der Kinder aus stark betroffenen Regionen litten an schweren oder sehr schweren posttraumatischen Belastungssymptomen. Zu vergleichbaren Befunden kamen Goenjian et al. (2001), welche sechs Monate nach dem Wirbelsturm „Mitch" 158 Jugendliche aus verschieden stark betroffenen Gegenden von Nicaragua befragten.

Erdbeben

Eine Reihe von Studien untersuchten die Prävalenz posttraumatischer Störungen nach Erdbeben (Asarnow, 1999; Bradburn, 1991; Goenjian, Pynoos, Steinberg & Najarian, 1995; Papadatos, Nikou & Potamianos, 1990; Pynoos et al., 1993). Auch hier zeigt sich der Einfluss des Expositionsgrades auf die Entwicklung posttraumatischer Störungen exemplarisch an der Untersuchung von Kindern und Jugendlichen, die im Jahre 1988 das starke Erdbeben in Armenien erlebt haben (Goenjian et al., 1995; Pynoos et al., 1993). Von den über 200 erfassten Kindern und Jugendlichen im Alter von 8 bis 16 Jahren litten – in Abhängigkeit vom Expositionsgrad – zwischen 24 und 91 % an schweren oder sehr schweren posttraumatischen Belastungsstörungen.

Flutkatastrophen

Auch Überschwemmungen und Flutkatastrophen gehören zu jenen Naturkatastrophen, die eine große Zahl von Menschen betreffen und viele Opfer und immense Schäden zur Folge haben können. Leider gibt es zum jetzigen Zeitpunkt kaum Studien zu den Folgen solcher Ereignisse für Kinder und Jugendliche. Die wenigen, vorhandenen Arbeiten stammen zudem fast ausschließlich aus einer Zeit, als die Psychotraumatologie noch in den Kinderschuhen steckte und entsprechende Diagnosen noch nicht konzeptualisiert waren (Jacobs et al., 2002). In einer exemplarischen Arbeit untersuchten Green et al. (1991) die kurz- und langfristigen Konsequenzen einer durch einen Dammbruch ausgelösten Überschwemmung im Buffalo Creek Tal in den USA im Jahre 1972. Da damals die Diagnosekategorie der posttraumatischen Belastungsstörung noch nicht bekannt war, musste die Störungsprävalenz auf Grund der damals durchgeführten Erhebungsinstrumente retrospektiv geschätzt werden. Green et al. (1991) kamen auf Grund ihrer Analysen zum Schluss, dass 37 % der befragten 179 Kinder an einer posttraumatischen Belastungsstörung litten. Die anderen verfügbaren Studien zu den Auswirkungen von Überschwemmungen kamen zu ähnlichen Befunden (Burke, Borus, Burns, Millstein & Beasley, 1982; Durkin, Khan, Davidson, Zaman & Stein, 1993; Earls, Smith, Reich & Jung, 1988; Ollendick & Hoffman, 1982).

5.2.3 Technische Katastrophen

Es gibt bis heute nur sehr wenige Studien, die sich mit den Auswirkungen technischer Katastrophen auf Kinder und Jugendliche befassen. Am besten untersucht sind die Folgen des Kernkraftwerkunfalles von Three Mile Island im Jahre 1979. Cornely und Bromet (1986) befragten die Mütter von 565 Kleinkindern und fanden dabei keine erhöhte Rate von Verhaltensauffälligkeiten. Handford, Dickerson Mayes und Mattison (1986) fanden bei 35 Kindern und Jugendlichen im Alter von 6 bis 19 Jahren ebenfalls keine erhöhte Indizidenz psychischer Störungen. Allerdings berichteten zwei Drittel der befragten Kinder, dass sie während des Unfalles große Ängste gehabt hätten. Nach Aussagen der Eltern litten ungefähr ein Drittel der Kinder eineinhalb bis zweieinhalb Jahre nach dem Unfall an Ängsten (Handford et al., 1986).

Kaum Informationen gibt es zu den Folgen des Kernkraftwerkunglücks in Tschernobyl im Jahre 1986. Dieser Unfall hatte für die Bevölkerung weitreichende Konsequenzen und führte auf Grund der hohen Strahlenbelastung dazu, dass sehr viele Familien einer erheblichen Strahlenbelastung ausgesetzt waren und umgesiedelt werden mussten (Wroble & Baum, 2002). Die langfristigen Folgen dieser Katastrophe für die Gesundheit der Betroffenen sind enorm (Henshaw, 1996). Über die psychologischen Konsequenzen dieser multiplen Belastungen für die Kinder ist nur wenig bekannt. Bromet (1995) berichtet anekdotisch über Verhaltensauffälligkeiten bei den betroffenen Kindern, wie beispielsweise Ängsten und externalisierenden Störungen.

Korol, Green und Gleser (1999) untersuchten einen Unglücksfall in den USA, in welchem radioaktive Abfälle freigesetzt wurden und die Bevölkerung einem erheblichen Strahlenrisiko ausgesetzt war. Es wurden 120 betroffene Kinder und 91 Eltern befragt und mit einer unbelasteten Kontrollgruppe verglichen. Die Befunde sind ähnlich wie jene von Handford et al. (1986) in Three Mile Island und zeigen keine erhöhte Raten psychischer Störungen. Auch die in dieser Studie explizit erfragten Symptome der posttraumatischen Belastungsstörung kamen bei den betroffenen Kindern kaum vor.

Zusammenfassend betrachtet scheint es so zu sein, dass Kinder durch die bisher untersuchten nuklearen Unglücksfälle psychologisch nur wenig beeinträchtigt wurden. Es kann vermutet werden, dass die mit solchen Katastrophen einhergehenden Bedrohungen insbesondere für jüngere Kinder zu wenig real sind (Wroble & Baum, 2002). Erhöhte Strahlenbelastung kann zu genetischen Schäden bei den Nachkommen und zu Krebs führen, was beides keine unmittelbaren Folgen darstellen. Es stellt sich deshalb die Frage, inwieweit betroffene Kinder im Gegensatz zu Erwachsenen solche Unglücke überhaupt als traumatisch erleben. Die anekdotisch berichteten Verhaltensauffälligkeiten im Zusammenhang mit dem Unglück in Tschernobyl könnten damit im Zusammenhang stehen, dass die betroffenen Familien umgesiedelt werden mussten und ihr gesamtes soziales und materielles Umfeld verloren. Hier führten die Folgen des nuklearen Unglückes zu verschiedenen Belastungen, die das Kind konkret erleben konnte.

5.2.4 Unfälle

Jedes Jahr verunfallen zehntausende von Kindern und Jugendlichen und ein Teil davon muss auf Grund der erlittenen Verletzungen hospitalisiert werden. Viele dieser Unfälle sind objektiv und/oder subjektiv bedrohlich und beängstigend und lösen bei den betroffenen Kindern ausgeprägte Gefühle von Angst und Hilflosigkeit aus. Damit erfüllen solche Ereignisse die modernen Definitionskriterien für ein psychisches Trauma gemäß DSM-IV (Saß et al., 1998). Trotz dieses offensichtlichen Zusammenhanges und obwohl in westlichen Ländern Unfälle wohl zu den häufigsten Ursachen posttraumatischer Belastungsstörungen gehören, wurden die Auswirkungen von Unfällen auf die Psyche von Kindern erst in den letzten Jahren genauer untersucht. Nachdem es zunächst nur wenige Einzelfallbeschreibungen in der Literatur gab (Jones & Peterson, 1993; Thompson, McArdle & Dunne, 1993), wurden in jüngster Zeit nun eine Reihe von systematischen Studien, insbesondere bei Kindern nach Verkehrsunfällen publiziert, welche nachweisen, dass posttraumatische Belastungsstörungen unerwartet häufig sind (Landolt, 2000). Auch wenn die Spannbreite der bisherigen Befunde auf Grund unterschiedlicher methodischer Zugänge recht breit ist, zeigen die vorhandenen Studien deutlich, dass die Inzidenz solcher Störungen nach Verkehrsunfällen bei den betroffenen Kindern erheblich ist.

Stallard und Law (1993) beispielsweise fanden bei allen sieben, in einen Schulbusunfall verwickelten, Jugendlichen nach drei Monaten Auffälligkeiten, welche die Kriterien für die Diagnose einer posttraumatischen Belastungsstörung erfüllten. Di Gallo, Barton und Parry-Jones (1997) untersuchten 57 Kinder und Jugendliche, die einen Verkehrsunfall erlitten hatten und fanden, dass 14 % nach 12 bis 15 Wochen unter mittleren bis starken posttraumatischen Belastungssymptomen litten. Stallard, Velleman und Baldwin (1998) sowie Mirza, Bdadrinath, Goodyer und Gilmour (1998) fanden in Stichproben von über 100 Kindern sechs Wochen nach einem Verkehrsunfall bei rund einem Drittel das Vollbild einer posttraumatischen Belastungsstörung. McDermott und Cvitanovich (2000) zeigten in einer australischen Studie, dass 22 % der im Verkehr verunfallten Kinder drei Monate nach dem Unfall an klinisch bedeutsamen posttraumatischen Belastungsreaktionen litten. In der bisher einzigen Studie aus dem deutschsprachigen Raum ergaben sich ähnliche Zahlen: Landolt, Vollrath, Ribi, Timm et al. (2003) fanden, dass der Anteil klinisch relevanter posttraumatischer Belastungsreaktionen einen Monat nach dem

Unfall 16.4 % betrug. Dass solcher Störungen nach Verkehrsunfällen auch länger andauern können, zeigt die Studie von De Vries et al. (1999), in welcher 25 % der betroffenen Kinder noch sieben bis zwölf Monate nach dem Unfall die Diagnosekriterien für eine posttraumatische Belastungsstörung erfüllten. Auch Mirza et al. (1998) fanden sechs Monate nach dem Unfall bei 17 % der Kinder klinisch relevante posttraumatische Belastungsreaktionen. Für den deutschen Sprachraum bestätigten Landolt, Vollrath, Ribi, Timm et al. (2003) die angelsächsischen Befunde, indem sie sogar ein Jahr nach dem Unfall bei 18.2 % der betroffenen Kinder posttraumatische Belastungsreaktionen identifizieren konnten.

Neben den Befunden bei Kindern nach Verkehrsunfällen gibt es einige Studien, welche andersweitig verunfallte Kinder und Jugendliche untersucht haben. In einer explorativen Studie fanden Landolt, Boehler, Schwager, Schallberger und Nuessli (1998) beispielsweise bei 50 % der Kinder, welche sechs bis acht Wochen zuvor einen Verbrennungsunfall erlitten hatten, eine posttraumatische Belastungsstörung. Über vergleichbare psychische Reaktionen nach Brandverletzungen im Kindesalter berichten auch Stoddard, Norman, Murphy und Beardslee, (1989). Aaron, Zaglul und Emery (1999) fanden bei 40 Kindern einen Monat nach einem Unfall ebenfalls hohe Raten an psychischen Auffälligkeiten: 22.5 % der Kinder zeigten das Vollbild der posttraumatischen Belastungsstörung, 47.5 % erfüllten die entsprechenden Diagnosekriterien in mindestens zwei der drei Symptomclustern. Levi, Drotar, Yeates und Taylor (1999) verglichen in einem prospektiven Design 81 Kinder mit einem Schädel-Hirn-Trauma mit 59 Kindern mit orthopädischen Verletzungen. Sechs Monate nach dem Unfall zeigten 22.2 % der Kinder mit orthopädischen Verletzungen, 18.4 % der Kinder mit leichten Schädel-Hirn-Traumata und 42.4 % der Kinder mit schweren Schädel-Hirn-Traumata klinisch relevante posttraumatische Belastungssymptome auf. Die Prävalenzraten nach zwölf Monaten bewegten sich in ähnlicher Höhe.

Eine weitere Reihe von Studien, die von der Forschungsgruppe um William Yule in London durchgeführt wurden, befassen sich mit den Folgen des Untergangs des Kreuzfahrtschiffes „Jupiter" in Griechenland. Auf diesem Schiff befanden sich über 400 britische Schulkinder, von denen die meisten das Unglück überlebten. Verschiedene Male wurde eine große Gruppe dieser Kinder und Jugendlichen in der Folge zu ihrem Befinden befragt (Yule, 1992a; Yule et al., 2000; Yule & Udwin, 1991; Yule, Udwin & Murdoch, 1990). Die Ergebnisse zeigen, dass fünf bis acht Jahre nach dem Unfall über 50 % dieser Kinder irgendwann eine posttraumatische Belastungsstörung entwickelt hatten und 17 % der Kinder und Jugendlichen auch viele Jahre nach dem Unfall noch an einer solchen Störung litten.

Zusammenfassend lässt sich feststellen, dass in jüngster Zeit einige Studien zur Häufigkeit posttraumatischer Belastungsreaktionen bei verunfallten Kindern erschienen sind. Die Prävalenzraten entsprechender Störungen sind insbesondere bei im Verkehr verunfallten Kindern erstaunlich hoch. Auf Grund der hohen Anzahl von Kindern, die jährlich im Verkehr verunfallen, handelt es sich hierbei um ein gesundheitspolitisch höchst relevantes Thema. Aktuell werden derartige Störungen bei verunfallten Kindern weder systematisch gesucht noch frühzeitig erfasst (Landolt, Vollrath, Ribi, Timm et al., 2003).

Leider konzentrieren sich die bisher publizierten Studien fast ausschließlich auf Opfer von Verkehrsunfällen, obwohl es deutliche Hinweise gibt, dass auch anderweitig verunfallte Kinder (z. B. brandverletzte Kinder) ebenfalls hohe Raten an posttraumatischen psychischen Reaktionen aufweisen können. Die zweite Einschränkung, welche sich aus den bisherigen Studien ergibt, betrifft die fast ausschließliche Fokussierung auf das Konstrukt der posttraumatischen Belastungsstörung. Die Prävalenz anderer psychischer Reaktionen nach Unfällen (Anpassungsstörungen) wurde bisher von keiner Forschungsgruppe untersucht. Studien bei Erwachsenen zeigen deutlich, dass das Spektrum posttraumatischer Reaktionen bedeutend breiter ist (Mayou, Tyndel & Bryant, 1997).

5.2.5 Lebensbedrohliche Krankheiten

Die Diagnose einer lebensbedrohlichen Krankheit sowie deren Behandlung stellt für betroffene Kinder häufig eine äußerst belastende Erfahrung dar. Seit der Einführung des DSM-IV (Saß et al., 1998) gilt die Diagnose und Behandlung einer lebensbedrohlichen Krankheit als mögliche Ursache einer posttraumatischen Belastungsstörung und damit als potenziell traumatisches Ereignis. Lebensbedrohliche Krankheiten unterscheiden sich allerdings in mehreren Hinsichten von anderen Traumata (Green, Epstein, Krupnick & Rowland, 1997; Maercker & Ehlert, 2001). Erstens entstammt die Bedrohung nicht aus der äußeren Umwelt, sondern entsteht internal. Dies führt dazu, dass die Bedrohung und das betroffene Individuum nicht getrennt werden können. Zweitens besteht bei vielen Patienten die traumatische Belastung nicht nur in der Erinnerung an die allenfalls überstandene Lebensgefahr, sondern in der zukünftigen Bedrohung eines Krankheitsrezidivs mit möglicherweise letalem Ausgang. Schließlich geht häufig auch die Behandlung einer lebensbedrohlichen Krankheit mit traumatischen Erfahrungen einher. Invasive medizinische Interventionen wie beispielsweise Chemotherapien oder Organtransplantationen sind für die betroffenen Kinder oft außerordentlich belastend.

Nachdem Studien bei erwachsenen Personen mit Krebs und Herzinfarkten gezeigt hatten, dass die Prävalenz posttraumatischer psychischer Störungen in dieser Patientengruppe zwischen 10 und 20 % beträgt (Maercker & Ehlert, 2001), wurden in jüngster Zeit auch Untersuchungen bei Kindern durchgeführt, die an lebensbedrohlichen Krankheiten leiden. Hauptsächlich wurden dabei Kinder mit Krebskrankheiten untersucht sowie Kinder, die sich einer Organtransplantation unterziehen mussten (Stuber, Shemesh & Saxe, 2003). Die Befunde zeigen, dass abhängig von der Krankheitsphase, der untersuchten Stichprobe und der Methode, zwischen 10 und 35 % der Kinder und Jugendlichen das Vollbild einer posttraumatischen Belastungsstörung aufweisen (Alter, Pelcovitz & Axelrod, 1996; Barakat et al., 1997; Kazak et al., 1997; Landolt et al., 1998; Landolt, Vollrath, Ribi, Gnehm & Sennhauser, 2003; Pelcovitz et al., 1998; Shemesh et al., 2000). Dass die Diagnose und Behandlung einer Krebskrankheit sehr rasch zu entsprechenden psychischen Auffälligkeiten führen kann, verdeutlicht die Studie von Landolt, Vollrath, Ribi, Gnehm et al. (2003), in welcher fünf bis sechs Wochen nach der Diagnose bei 10 % der betroffenen Kinder klinisch relevante posttraumatische Belastungsreaktionen gefunden wurden. Zum Teil deutlich höhere Inzidenzraten fanden sich bei Jugendlichen nach Abschluss der Behandlung (Kazak et al., 1997; Stuber, Christakis, Houskamp & Kazak, 1996).

Es hat sich in den bisher durchgeführen Untersuchungen die Vermutung bestätigt, dass es eher die medizinischen Behandlungen und Eingriffe sind, welche traumatisch auf die Kinder wirken, als die Diagnose der Krankheit an sich (Stuber et al., 2003). Dies mag mit der Bedeutung entwicklungspsychologischer Aspekte in der Einschätzung und Beurteilung der Lebensbedrohlichkeit von Krankheiten zu tun haben. Jüngere Kinder sind auf Grund ihrer kognitiven Entwicklung nämlich häufig nicht in der Lage, die Lebensbedrohlichkeit einer Krankheit adäquat einzuschätzen (Bailly, 1999). Zudem ist zu vermuten, dass jüngere Kinder von ihren Eltern und vom medizinischen Personal wohl auch weniger offen über die Ernsthaftigkeit einer schwerwiegenden Erkrankung informiert werden.

6 Pathogenese

6.1 Pathogenetische Modelle

Obwohl posttraumatische psychische Reaktionen in direktem ätiopathogenetischem Zusammenhang mit einem Trauma stehen, gibt es eine Vielzahl verschiedener Faktoren, welche die Entstehung und den Verlauf solcher Reaktionen mitbeeinflussen. So identifizierten Brewin, Andrews und Valentine (2000) in einer Metaanalyse von 77 Studien nicht weniger als vierzehn verschiedene Faktoren, die einen signifikanten prädiktiven Wert hinsichtlich der Entwicklung einer posttraumatischen Belastungsstörung bei erwachsenen Traumaopfern haben (vgl. Abbildung 7). Als besonders bedeutsame Risikofaktoren erwiesen sich dabei so verschiedene Variablen wie der Mangel an sozialer Unterstützung, das Vorhandensein zusätzlicher Lebensbelastungen, der Schweregrad des Traumas, eine belastetete Kindheit sowie eine verminderte Intelligenz. Diese vielfältigen Einflussvariablen bieten eine Erklärung dafür, warum nicht alle einem Trauma ausgesetzten Individuen längerdauernde psychische Störungen entwickeln.

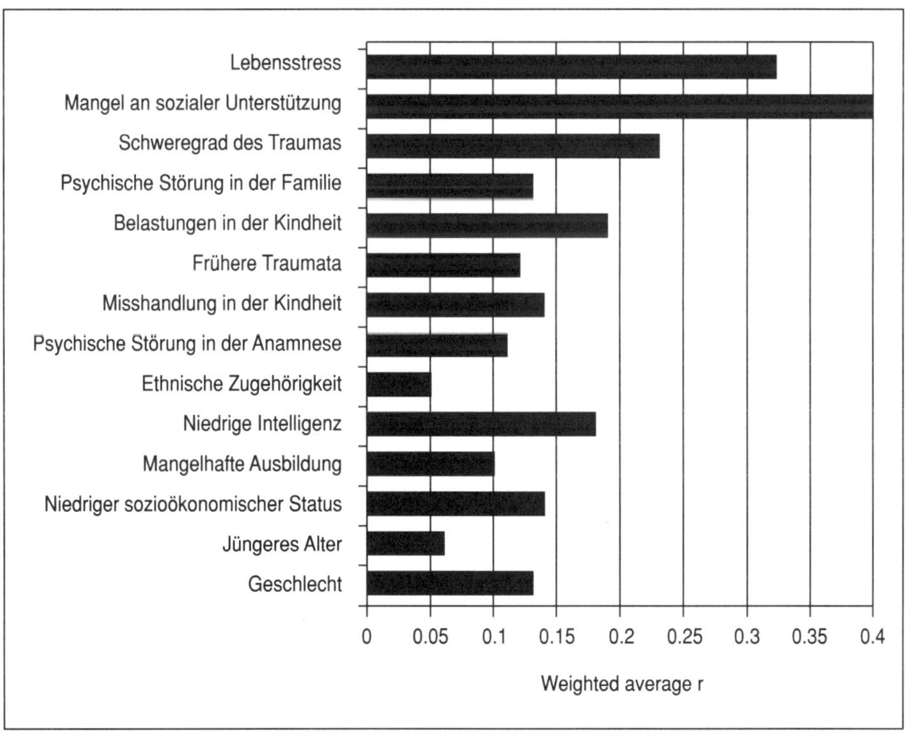

Abbildung 7: Risikofaktoren für die Entwicklung einer posttraumatischen Belastungsstörung bei Erwachsenen (Brewin et al., 2000).

Auch die theoretische Aufarbeitung der empirischen Befunde ist im Erwachsenenalter schon weit gediehen. Es wurde eine Vielzahl von Modellen entwickelt, welche die Entstehung und den Verlauf von psychotraumatischen Störungen zu erklären versuchen. Zu den wichtigsten Modellen gehören die folgenden:

- Psychodynamisches Modell
- Kognitiv-behaviorales Modell
- Netzwerkmodell
- Neurobiologisches Modell

Das *psychodynamische Modell* beruht auf den Erkenntnissen der Psychoanalyse und konzeptualisiert posttraumatische psychische Störungen als Resultat einer überforderten, d. h. missglückten Abwehr. Psychoanalytische Modelle fokussieren auf die Bedeutung des erlebten Traumas für das eigene Selbst. Die Aufarbeitung des traumatischen Materials und der damit verbundenen Konflikte und die darauf folgende Einsicht in die bewusste und unbewusste Bedeutung des Traumas und der Symptome sollen dem Patienten helfen, das Trauma zu bewältigen. Die Traumaverarbeitung ist vollendet, wenn die Integration der traumatischen Erfahrung in das eigene Selbst erfolgt ist und das Individuum in der Lage ist, Erinnerungen und Gefühle im Zusammenhang mit dem Trauma bewusst hervorzurufen, ohne ihnen verhaftet zu bleiben.

Im *kognitiv-behavioralen Modell* wird postuliert, dass das traumatische Ereignis in einem ersten Schritt durch klassische Konditionierung zu einer Kopplung von neutralen Reizen an eine bedrohliche Erfahrung führt. Dies führt dazu, dass bei Einwirkung der konditionierten Reize reflexhaft eine intensive Angstreaktion ausgelöst wird. In einem zweiten Schritt lernen die Betroffenen, durch Vermeidung der auslösenden Reize die konditionierte Angstreaktion zu vermindern bzw. zu verhindern. Diese Art des Lernens geschieht durch operante Konditionierung, d. h. die Vermeidungsreaktion wird durch die kurzfristig angstreduzierenden Konsequenzen aufrechterhalten. Eine wichtige Rolle in der Erklärung posttraumatischer Symptome spielen zudem veränderte kognitive Schemata und dysfunktionale Kognitionen. Es wird postuliert, dass eine Traumatisierung grundlegende Vorstellungen und Erwartungen von sich und der Welt erschüttert und dysfunktional verändert. Die Vermeidung traumaspezifischer Reize verhindert dabei eine Veränderung dieser dysfunktionalen Kognitionen wie es durch korrigierende Erfahrungen an sich möglich wäre.

Grundlage der *Netzwerkmodelle* sind die durch ein Psychotrauma veränderten Gedächtnisstrukturen, die von Foa, Steketee und Rothbaum (1989) als Furchtstrukturen bezeichnet werden. Diese entstehen, indem ein emotional bedeutsamer Reiz mit einem oder mehreren kognitiven Elementen und mit physiologischen Reaktionen gekoppelt wird. Die Furchtstruktur umfasst sehr viele Elemente, darunter auch solche, die nur locker mit dem Trauma assoziiert sind. Die einmal herausgebildete Furchtstruktur ist von allen Elementen aus leicht durch Schlüsselreize zu aktivieren. Je mehr Elemente eine Furchtstruktur beinhaltet, desto häufiger wird sie durch die verschiedensten Schlüsselreize aktiviert und desto ausgeprägter ist die posttraumatische Symptomatik. Eine Veränderung des spezifischen Furchtnetzwerkes ist nur durch dessen direkte Aktivierung (z. B. durch Konfrontation mit traumalevanten Stimuli) möglich.

Neurobiologische Modelle posttraumatischer psychischer Störungen beruhen auf den psychophysiologischen, neurohormonellen, neuroanatomischen und immunologischen Reaktionen, die in der Folge von psychischen Traumata beobachtet werden. Die Symptome der posttraumatischen Belastungsstörung werden dabei als Folge einer Dysregulation verschiedener neurobiologischer Systeme verstanden. Auf das neurobiologische Modell wird in Kapitel 7 näher eingegangen.

In Bezug auf das Kindesalter fehlen zum heutigen Zeitpunkt sowohl ein empirischer Überblick über die Determinanten posttraumatischer psychischer Reaktionen als auch die Entwicklung von spezifischen Modellen der Traumaadaptation. Theoretische Modellvorstellungen sind jedoch von hoher Relevanz für die empirische Forschung. Sie bestimmen die Formulierung von Hypothesen, die Methodik der Untersuchung, die Wahl der erfassten Variablen, die Auswahl der Erhebungsinstrumente, die Interpretation der Daten und schließlich die Entwicklung und Evaluationen von Interventionskonzepten. Im Vordergrund stehen im Bereich der Kinderpsychotraumatologie bis heute Forschungsprojekte, welche primär aus der Praxis abgeleitete, „theoriefreie" Fragestellungen untersuchen bzw. die zu Grunde liegenden theoretischen Vorstellungen nicht explizit machen. Forschungshypothesen, welche aus theoretischen Überlegungen heraus bestimmte Beziehungen zwischen Variablen und psychologischen Konstrukten postulieren, werden beispielsweise in vielen Studien nicht formuliert. Ebenso bleibt die Interpretation der oft zahlreichen Einzelbefunde einer Untersuchung häufig auf einer pragmatischen Ebene stecken und vermag die Befunde nicht in einen sinnvollen Zusammenhang zu stellen. Theorieferne Forschung führt außerdem dazu, dass hinsichtlich des Studiendesigns wenig Gemeinsamkeiten bestehen und somit Vergleiche zwischen verschiedenen Untersuchungen erschwert sind.

Ein vertieftes Verständnis der Entstehungs- und Verlaufsprädiktoren und -mediatoren wäre auch für die frühzeitige Identifizierung und rechtzeitige Behandlung besonders vulnerabler Kinder von hoher Bedeutung. Dass es bis heute kaum Bemühungen gibt, die Entstehung und den Verlauf posttraumatischer psychischer Reaktionen im Kindesalter im Rahmen von theoretischen Modellen zu erklären, ist umso erstaunlicher, als in vielen Studien Prädiktoren der posttraumatischen Belastungsstörung explizit untersucht und diese teilweise auch implizit kategorisiert worden sind. So erwähnen beispielsweise Udwin, Boyle, Yule, Bolton und O'Ryan (2000) in ihrer Studie drei potenziell bedeutsame Kategorien von Prädiktoren der posttraumatischen Belastungssymptomatik: (1) Faktoren, die mit dem Trauma assoziiert sind; (2) Merkmale des Kindes sowie (3) nach dem Trauma wirksame (d. h. posttraumatische) Variablen wie beispielsweise Familiencharakteristika. Dieses und andere solcher „Modelle" berücksichtigen allerdings meistens nur jene Variablen, welche in der betreffenden Studie operationalisiert und untersucht worden sind und lassen eine Reihe potenziell bedeutsamer Variablen außer Acht. Was beispielsweise in den empirischen Arbeiten im Bereich der Kinderpsychotraumatologie bis heute fehlt, ist die Integration von traumabezogenen Kognitionen (Bewertungen) und Copingprozessen in ein theoretisches Modell. In der Folge soll ein transaktionales Traumabewältigungsmodell vorgestellt werden, mit dessen Hilfe die bisherigen Befunde der Kinderpsychotraumatologie zur Entstehung und zum Verlauf posttraumatischer psychischer Störungen integriert werden können.

6.2 Transaktionales Traumabewältigungsmodell

6.2.1 Grundlagen und Beschreibung des Modells

Im Bereich der Stress- und Copingforschung ist das transaktionale Stressbewältigungsmodell von Lazarus und Folkman (1984) heute auch im Bereich der Kinder- und Jugendpsychologie anerkannt und breit untersucht. Ein Trauma kann – in Anlehnung an die klassische Definition (Lazarus & Folkman, 1984) – als außergewöhnliches Stressereignis betrachtet werden, welches die Fähigkeiten einer Person übersteigt. Es ist deshalb nahe liegend, die transaktionale Stressbewältigungstheorie auf die Kinderpsychotraumatologie anzuwenden und so zu versuchen, die bisherigen Forschungsbefunde zu integrieren. Abbildung 8 zeigt, wie ein solches Traumabewältigungsmodell aussehen könnte.

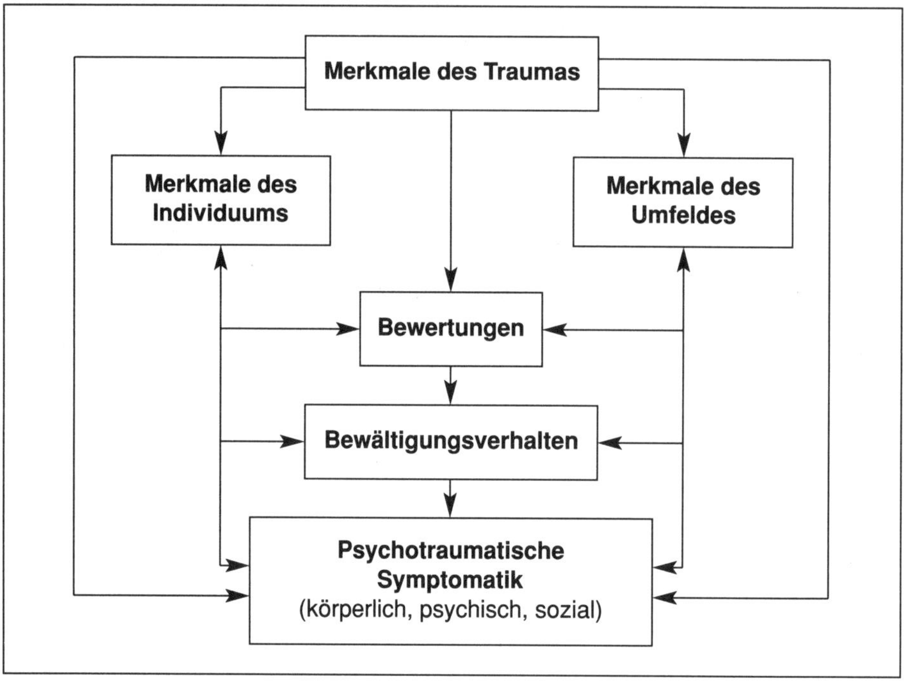

Abbildung 8: Transaktionales Traumabewältigungsmodell nach (Landolt, 2000, 2003b)

Die Bewältigung eines Traumas wird dabei als aktiv gestaltetes, transaktionales Geschehen im Rahmen einer Wechselwirkung von Trauma, Kind und Umwelt verstanden. Das Modell postuliert, dass das psychosoziale Befinden des traumatisierten Kindes durch Merkmale des Traumas, des Kindes und des sozialen Umfeldes beeinflusst werden, deren Wirkungen zum Teil durch Bewertungs- und Copingprozesse vermittelt und modifiziert werden. Das traumatische Ereignis wird vom betroffenen Kind nicht nur wahrgenommen, sondern auch interpretiert und bewertet. Diese subjektiven Einschätzungen und Bewertungen beeinflussen direkt und indirekt den biopsychosozialen Status, werden aber – über Feedbackprozesse – auch von diesem beeinflusst. Durch dieses Rückkoppelungssystem kann es zu Neubewertungen kommen. Objektiv vergleichbare Traumata können somit völlig unterschiedliche psychosoziale Auswirkungen zur Folge haben. Ob ein Ereignis zu psychotraumatischen Reaktionen führt, hängt in besonderem Maße davon ab, wie das Ereignis vom Kind interpretiert und bewertet wird. Die subjektiven Bewertungsprozesse – ob das Ereignis beispielsweise als bedrohlich oder als Herausforderung interpretiert wird – werden von Merkmalen des Traumas (z. B. Art des Traumas), des Kindes (z. B. Alter, Persönlichkeit) und des Umfeldes (z. B. Traumareaktion der Eltern) geformt. Das transaktionale Traumabewältigungsmodell sieht vor, dass die einzelnen Prädiktorenmerkmale sowohl als Risikofaktoren als auch als protektive Faktoren wirken können. Neben den indirekten Wirkungen über Bewertungen und Bewältigungsprozesse sind auch direkte Wirkungen möglich, welche die indirekten Wirkungen komplementieren. Die einzelnen Modellkomponenten werden in der Folge erläutert und in Bezug auf die Befunde aus der Literatur diskutiert.

6.2.2 Merkmale des Traumas

Unter den Traumamerkmalen werden alle objektiven, traumabeschreibenden Variablen wie Art, Dauer und Schweregrad des Traumas zusammengefasst. Die Bedeutung von Traumamerkmalen ist naturgemäß in vielen Studien analysiert worden. Dabei hat sich gezeigt, dass der objektive Schweregrad eines Traumas, d. h. die „Traumadosis“ sowie der Grad der Traumaexposition, für die Entwicklung posttraumatischer Belastungsreaktionen von Bedeutung sind (Lonigan et al., 1991; Pynoos et al., 1987; Smith et al., 2002). Das Risiko, eine posttraumatische Belastungsstörung zu entwickeln, ist besonders hoch, wenn das Trauma mit Lebensgefahr, schweren Verletzungen, extremem Kontrollverlust sowie interpersonaler Gewalt verbunden ist und wenn es lange andauert (Udwin et al., 2000). Interessanterweise ist dieser direkte Zusammenhang zwischen Schweregrad des Traumas und Schweregrad der posttraumatischen Symptomatik aber nicht in allen Studien nachgewiesen worden. So gibt es eine Reihe von Untersuchungen, in denen objektive Traumamerkmale wie beispielsweise der Schweregrad einer Verletzung nach einem Verkehrsunfall nicht oder nur minimal mit dem Auftreten posttraumatischer Belastungssymptomen assoziiert waren (De Vries et al., 1999; Di Gallo et al., 1997; Mirza et al., 1998; Stallard et al., 1998).

Neben dem Schweregrad des Traumas spielt auch die Chronizität der Traumatisierung eine wichtige Rolle für die Art und das Ausmaß posttraumatischer psychischer Störungen. Terr (1991) unterschied das einmalige, unvorhersehbare Trauma (Typ 1) vom wiederholten, chronischen Trauma (Typ 2). Typ 1-Traumata führen typischerweise zu den klassischen Symptomen der posttraumatischen Belastungsstörung, während Typ 2-Traumata oft komplexere Störungen und eine höhere Komorbidität zur Folge haben.

6.2.3 Merkmale des Individuums

Diese Modellkomponente beinhaltet einerseits biologische Merkmale wie beispielsweise Alter, Entwicklungsstand und Geschlecht des Kindes. Andererseits werden hierunter auch psychologische Konstrukte wie Persönlichkeit, Temperament, Intelligenz und psychopathologischer Status sowie die psychopathologische Vorgeschichte subsummiert. Die zum jetzigen Zeitpunkt verfügbaren Befunde hinsichtlich der Bedeutung intrapersoneller Merkmale für die Entwicklung posttraumatischer Belastungsreaktionen sind teilweise kontrovers.

Alter

Zur Bedeutung des Alters für die Entwicklung psychotraumatischer Störungen gibt es in der Literatur eine Reihe widersprüchlicher Befunde und zwei unterschiedliche entwicklungspsychopathologische Erklärungshypothesen. Pynoos (1994) argumentiert, dass eine Traumatisierung im jüngeren Alter schwerwiegendere Auswirkungen auf die Entwicklung hat, weil das kleine Kind in seiner Entwicklung noch nicht gefestigt ist. Jüngere Kinder würden demnach ein höheres Risiko für posttraumatische Belastungsstörungen aufweisen. Bailly (1999) dagegen streicht hervor, dass der Stand der kognitiven und sprachlichen Entwicklung entscheidend für die Ausbildung von posttraumatischen Reaktionen ist. Das sehr junge Alter könne in diesem Zusammenhang protektiv wirken, da ein Teil potenziell traumatischer Ereignisse noch nicht als solche interpretiert werden. Aus heutiger Sicht ist es wahrscheinlich, dass der Einfluss des Alters auf die Ausbildung posttraumatischer Symptome von der Art des Traumas abhängig ist und deshalb nicht allgemein beschrieben werden kann. Dies würde auch die inkonsistenten Befunde in der Forschungsliteratur erklären. So kann beispielsweise die Lebensbedrohlichkeit einer Erkrankung, die weder mit schmerzhaften Symptomen noch mit invasiven Behandlungen einhergeht, vom jüngeren Kind kaum adäquat eingeschätzt werden. Dagegen wird die Bedrohung durch einen Unfall oder eine Naturkatastrophe wie beispielsweise ein Erdbeben wohl auch vom jungen Kind schon erfasst.

Geschlecht

In Bezug auf Geschlechtsunterschiede sind die empirischen Befunde einheitlicher als beim Alter. Wenn Unterschiede gefunden wurden, so waren es immer die Mädchen die höhere Raten an posttraumatischen Belastungsstörungen hatten als die Knaben (Lonigan, Shannon, Taylor, Finch & Sallee, 1994; Mirza et al., 1998; Stallard et al., 1998; Yule, 1992a). Es gibt allerdings auch Studien, in denen keine Geschlechtsunterschiede festgestellt werden konnten (Aaron et al., 1999; Di Gallo et al., 1997; Landolt et al., 1998). Die posttraumatische Belastungsstörung stellt damit im Bereich der Kinderpsychiatrie und -psychologie hinsichtlich der Geschlechterverteilung eine Ausnahme dar. Vor dem Jugendalter haben nämlich bei den meisten psychischen Störungen die Knaben eine höhere Morbiditätsrate (Rutter, Taylor & Hersov, 1994).

Andere Merkmale des Individuums

Vorbestehende psychische Auffälligkeiten und auch frühere Traumatisierungen haben sich wiederholt als erheblicher Risikofaktor für die Entwicklung posttraumatischer Belastungsstörungen herausgestellt (Daviss, Mooney et al., 2000; Mirza et al., 1998; Udwin et al., 2000). In einer englischen Studie wurde ein hohes schulisches Bildungsniveau als protektiver Faktor in Bezug auf die Entwicklung posttraumatischer Auffälligkeiten identifiziert (Yule & Udwin, 1991). Noch kaum untersucht ist die pathogenetische

Bedeutung der kindlichen Persönlichkeit. Erickson und Steiner (2001) zeigten bei Langzeitüberlebenden von Krebs im Kindesalter, dass eine repressive Bewältigungsdisposition mit psychotraumatischen Symptomen korreliert. Es gibt zudem interessante Hinweise aus Studien bei Erwachsenen, dass höhere Neurotizismus- und niedrigere Extraversionswerte mit einem höheren Risiko für posttraumatische Belastungsstörungen einhergehen können (Fauerbach, Lawrence, Schmidt, Munster & Costa, 2000; Lauterbach & Vrana, 2001).

6.2.4 Merkmale des sozialen Umfeldes

Zu den Merkmalen des sozialen Umfeldes gehören all jene Variablen, die das Beziehungsnetz des Kindes betreffen. Hierunter fallen beispielsweise das Familienklima, das psychische Befinden der Eltern, die Qualität der Beziehungen zu Gleichaltrigen, Prozesse der sozialen Unterstützung, elterliche Bewertungen, usw. Entwicklung und Verlauf posttraumatischer Belastungsreaktionen werden gerade im Kindesalter erheblich durch Faktoren des sozialen Umfeldes mitbestimmt.

Familie

Eine große Bedeutung in der Traumabewältigung kommt naturgemäß den Eltern zu, welche bis zum Jugendalter in der Regel die nächsten Bezugspersonen des Kindes sind. Kinder, welche von ihren Eltern sozial gut unterstützt werden, entwickeln weniger Störungen (Yule, 1992b). Allgemeine psychopathologische Auffälligkeiten (Green et al., 1991; McFarlane, 1987) und vor allem die Präsenz posttraumatischer psychischer Auffälligkeiten bei den Eltern erhöhen das Krankheitsrisiko bei den Kindern (De Vries et al., 1999). Kinder aus Familien mit konflikthaftem Klima und wenig Offenheit und Zusammenhalt leiden nachgewiesenermaßen häufiger an einer posttraumatischen Belastungsstörung (Pelcovitz et al., 1998). Die Bedeutung elterlicher Bewertungsprozesse für die Entstehung und den Verlauf posttraumatischer psychischer Reaktionen ihrer Kinder wurde von Stuber et al. (1997) nachgewiesen. Die Autoren zeigten bei Kindern und Jugendlichen nach erfolgreicher Krebsbehandlung, dass mütterliche Bewertungen der Lebensbedrohung und der Behandlungsintensität zu Angstsymptomen beitrugen und die traumabezogenen Bewertungen ihrer Kinder beeinflussten. Levi et al. (1999) schließlich fanden bei Kindern nach Unfällen einen Zusammenhang zwischen der sozioökonomischen Herkunft und der Stärke der posttraumatischen Belastungsreaktionen: Kinder aus der Unterschicht entwickelten schwerere Störungen. Dies hängt wahrscheinlich damit zusammen, dass Unterschichtangehörige über weniger Bewältigungsressourcen verfügen.

Schule und Gleichaltrige

Zum heutigen Zeitpunkt noch kaum untersucht ist die Bedeutung der Schule und der Gleichaltrigengruppe, welche in der Kindheit und Jugend mit zunehmendem Alter an Wichtigkeit gewinnen, im Hinblick auf die Bewältigung psychischer Traumata. In einer frühen Studie konnte Yule (1992b) nachweisen, dass in der Schule erfahrene soziale

Unterstützung eine protektive Wirkung in Bezug auf die Entwicklung psychischer Auffälligkeiten nach einem Trauma hat. Auf Grund entwicklungspsychologischer und sozialpsychologischer Überlegungen ist zu hoffen, dass zukünftig dieser Bereich vermehrt erforscht wird und sich damit auch Möglichkeiten eröffnen, hier therapeutisch zu intervenieren.

6.2.5 Bewertungsprozesse

Subjektive Bewertungen in Bezug auf das traumatische Ereignis (z. B. Lebensbedrohlichkeit, Schuldgefühle, Kausalattributionen, usw.) sind wichtige Komponenten des in Abbildung 7 präsentierten Traumabewältigungsmodells. In der transaktionalen Stresstheorie spielen sie eine bedeutende Rolle in Bezug auf die Auswahl der Strategien, welche zur Bewältigung einer belastenden Situation eingesetzt werden (Lazarus & Folkman, 1984). Im Rahmen von kognitiven Bewertungsprozessen wird das Trauma in Bezug auf eine Reihe von Bewertungskategorien eingeordnet, die sich entweder auf die Bedeutung des Traumas für das Kind (primäre Bewertung) oder auf die verfügbaren Bewältigungsfähigkeiten und -möglichkeiten (sekundäre Bewertung) beziehen.

Bisher wurden in der Literatur fast ausschließlich die traumabezogenen Bewertungskategorien der Bedrohung und Belastung untersucht. In praktisch allen Studien im Bereich der Kinderpsychotraumatologie hat sich dabei gezeigt, dass die subjektiv eingeschätzte Bedrohlichkeit des Traumas von entscheidender Bedeutung für die Entwicklung und den Verlauf posttraumatischer psychischer Symptome ist (z. B. Hobbie et al., 2000; Stallard et al., 1998). In den meisten Untersuchungen war die posttraumatische Symptomatik des Kindes interessanterweise enger mit der subjektiven Bewertung des Traumas korreliert als mit den objektiven Traumamerkmalen. Je grösser das Gefühl der peritraumatisch erlebten Hilflosigkeit, desto höher das Risiko für eine posttraumatische Belastungsstörung. Diese Befunde haben unter anderem dazu geführt, dass die früher rein situationsbezogene Traumadefinition im DSM-IV (Saß et al., 1998) um eine entsprechende subjektive Komponenten ergänzt worden ist (Kriterium A2). Es ist heute unbestritten, dass traumabezogenen Bewertungsprozessen eine entscheidende Rolle in der Entwicklung posttraumatischer psychischer Störungen zukommt.

Die mit einem Trauma verbundenen Kausalattributionen des betroffenen Kindes sind ebenfalls von Bedeutung. Joseph, Brewin, Yule und Williams (1993) fanden ein erhöhtes Risiko für posttraumatische Belastungsreaktionen bei Jugendlichen, die trotz offensichtlich unkontrollierbarem äußerem Ereignis (Sinken eines Schiffes) eine Mitschuld am Ereignis auf sich nahmen.

Die Bedeutung weiterer Bewertungen wie beispielsweise Hoffnung und Kontrollierbarkeit wurden im Bereich der Kinderpsychotraumatologie bisher noch nicht untersucht. Dies hängt unter anderem damit zusammen, dass die Methodik der Erfassung von Bewertungen im Kindesalter schwierig und deshalb noch nicht sehr elaboriert ist. Es gibt hierzu jedoch vielversprechende Ansätze für die Zukunft (Vollrath, Landolt & Ribi, in press).

6.2.6 Bewältigungsstrategien

Unter Coping- oder Bewältigungsprozessen werden in Anlehnung an Lazarus und Folkman (Lazarus & Folkman, 1984) all jene kognitiven und verhaltensbezogenen Bemühungen verstanden, um mit Anforderungen fertig zu werden, die die Fähigkeiten einer Person beanspruchen oder übersteigen. In der Regel werden dabei problemzentrierte und emotionszentrierte Strategien unterschieden. Während erstere darauf ausgerichtet sind, die stressverursachende Situation zu modifizieren, versuchen Letztere, die begleitenden Emotionen zu regulieren. Die Auswahl der zur Bewältigung eines Traumas eingesetzten Bewältigungsstrategien wird durch Merkmale des Traumas, der Person und des Umfeldes sowie durch Bewertungsprozesse beeinflusst (vgl. Abbildung 7).

Mit der Bedeutung spezifischer Bewältigungsstrategien für den Verlauf posttraumatischer Belastungssymptomen hat sich die Forschung im Bereich der Kinderpsychotraumatologie bisher noch kaum befasst. Immerhin zeigen die beiden zum jetzigen Zeitpunkt verfügbaren Studien, dass Copingprozesse vermutlich eine wichtige Rolle spielen. So konnten Aaron et al. (1999) bei verunfallten Kindern zeigen, dass die Vermeidung der Auseinandersetzung mit den belastenden Bildern und Gedanken, das Risiko von längerdauernden posttraumatischen Belastungsstörungen erhöht. Stallard, Velleman, Langsford und Baldwin (2001) zeigten ebenfalls bei Kindern nach Verkehrsunfällen, dass die posttraumatische Belastungsstörung einhergeht mit einer vermehrten Verwendung von Ablenkungsstrategien, sozialem Rückzug, emotionszentrierten Strategien und Beschuldigen anderer Personen. Allerdings weisen Stallard, Velleman, Langsford und Baldwin (2001) zu Recht auf eine Überschneidung des Copingkonzepts mit dem Syndrom der posttraumatischen Belastungsstörung hin. Ein beobachtetes Verhalten (z. B. Vermeidung, Ablenkung) kann sowohl als Copingstrategie als auch als Symptom einer posttraumatischen Belastungsstörung interpretiert werden. Die Untersuchung des Zusammenhanges von Bewältigungsverhalten und posttraumatischer Belastungssymptomatik muss diese Konstruktüberschneidungen in Betracht ziehen, damit in Zukunft fundierte Aussagen gemacht werden können.

7 Biologische Aspekte

7.1 Einleitung

Ein wichtiger Ansatzpunkt zum Verständnis psychophysiologischer Reaktionen nach Belastungen ergibt sich aus den Pionierarbeiten des Internisten Selye (1946). Nach Selyes Theorien, die aus den 1940er Jahren stammen und experimentell belegt wurden, können sowohl psychische als auch physische Stressoren ein sog. *Allgemeines Adaptationssyndrom* auslösen, welches durch die drei Phasen des Alarms, des Widerstandsstadiums und schließlich des Erschöpfungsstadiums charakterisiert ist (vgl. Abbildung 9). Die einzelnen Phasen werden von typischen psychophysiologischen Reaktionen begleitet. Die Alarmreaktion ist charakterisiert durch einen erhöhten Sympathicotonus und eine durch den Sympathicus gesteuerte körperliche Bereitstellungreaktion. Im Widerstandsstadium werden alle Reserven des Körpers zur Kompensation der Belastung mobilisiert. Damit verbunden sind beispielsweise die erhöhte Ausschüttung von Nebennierenrindenhormonen sowie die Erhöhung des Blutzuckerstoffwechsels. Dauert der pathogene Umweltreiz an, so treten mit der Zeit massive und zum Teil irreversible Folgen auf wie Dekompensation der Reproduktionsfunktionen und Sexualfunktionen, der Wachstumsvorgänge und der Immunkompetenz.

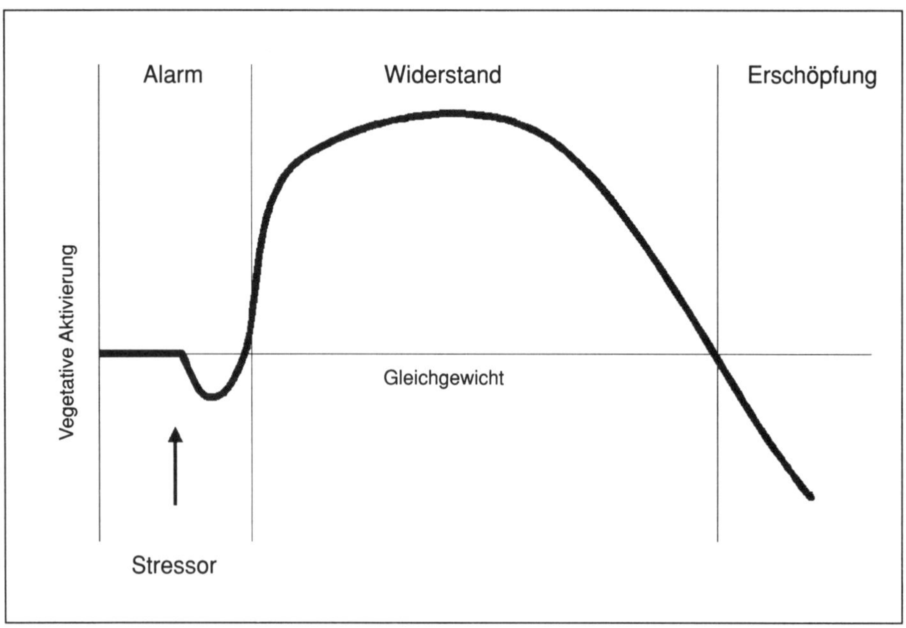

Abbildung 9: Allgemeines Adaptationssyndrom nach Selye

Eine Reihe von Symptomen der posttraumatischen Belastungsstörung geht mit nachweisbaren biologischen Korrelaten einher, die sich als Stressreaktionen des Körpers interpretieren lassen und Ausdruck einer neurobiologischen Dysregulation sind (van der Kolk, 1997). Im Vordergrund stehen auf endokriner Ebene die Hypothalamus-Hypophysen-Nebennierenrinden-Achse, auf der Neurotransmitterebene das noradrenerge System sowie die endogenen Opiate als Indikatoren der zentralnervösen Innervation und auf morphologischer Ebene hirnanatomische Veränderungen (Ehlert, Wagner, Heinrichs & Heim, 1999). Die im Zusammenhang mit einem Trauma auftretenden neurobiologischen Veränderungen spielen auch beim Kind eine bedeutende Rolle in der Entwicklung und Aufrechterhaltung psychopathologischer Symptome (Bremner, 2002).

7.2 Die neuroendokrine Reaktion auf Stress

Die normale neuroendokrine Stressreaktion

Da posttraumatische psychische Störungen in der Folge von extrem belastenden Stressoren auftreten, sind die neurobiologischen Befunde der humanen und tierexperimentellen Stressforschung von hoher Relevanz für das Verständnis biologischer Prozesse nach Psychotraumata. Auf neuroendokriner Ebene aktiviert ein akutes Stressereignis über die Projektionen der Amygdala, die Freisetzung von Noradrenalin, Adrenalin und des Neuropeptids Y aus dem Locus coeruleus, welche die Hypothalamus-Hypophysen-Nebennierenrinden-Achse (HHNA) aktivieren, was zur primären physiologischen Stressreaktion führt. Wie Abbildung 10 zeigt, wird im Hypothalamus das Corticotropin-Releasing-Hormon (CRH) freigesetzt, welches auf den Hypophysenvorderlappen wirkt, welcher als Reaktion darauf, das adrenokortikotrope Hormon (ACTH) sezerniert. Dieses bewirkt in der Nebennierenrinde die Freisetzung von Glukokortikoiden, u. a. Cortisol. Die HHNA wird durch ein komplexes neurales Feedback-System reguliert. Unter Stress wächst die Produktion von Cortisol und Katecholaminen als Ergebnis der hypothalamischen Stimulation an. Die Katecholamine machen den lebenswichtigen Organen und der Skelettmuskulatur die benötigte Energie leichter verfügbar. Cortisol als Endprodukt der HHNA übt nachhaltige Effekte auf nahezu alle Organe des Körpers aus und beeinflusst sowohl den Körperstoffwechsel, das Immunsystem als auch das Gehirn. Eiweiß-, Kohlenhydrat- und Fetthaushalt werden durch Cortisol ebenso mitgesteuert, wie die zelluläre, humorale und unspezifische Körperabwehr. Querverbindungen bestehen beispielsweise zu Regelkreisen, die das Entzündungsgeschehen steuern: Inflammatorische Zytokine können die Ausschüttung von ACTH aus der Hypophyse und damit eine Cortisolsezernierung stimulieren. Im Rahmen der Immunabwehr kommt dem Cortisol die Funktion zu, Abwehrreaktionen zu begrenzen und ein Überschießen der Immunabwehr zu verhindern. Cortisol übt zudem nachhaltige Effekte auf zentralnervöse Strukturen aus. Komplexe Prozesse wie Aufmerksamkeit, Vigilanz oder auch Gedächtnis unterliegen einer partiellen Kontrolle des Nebennierenrindenhormons. Der durch einen akuten Stressreiz erhöhte Cortisolspiegel reguliert die HHNA über ein hemmendes Feedbacksystem, wodurch es zur langsamen Eindämmung der HHNA-Kaskade kommt.

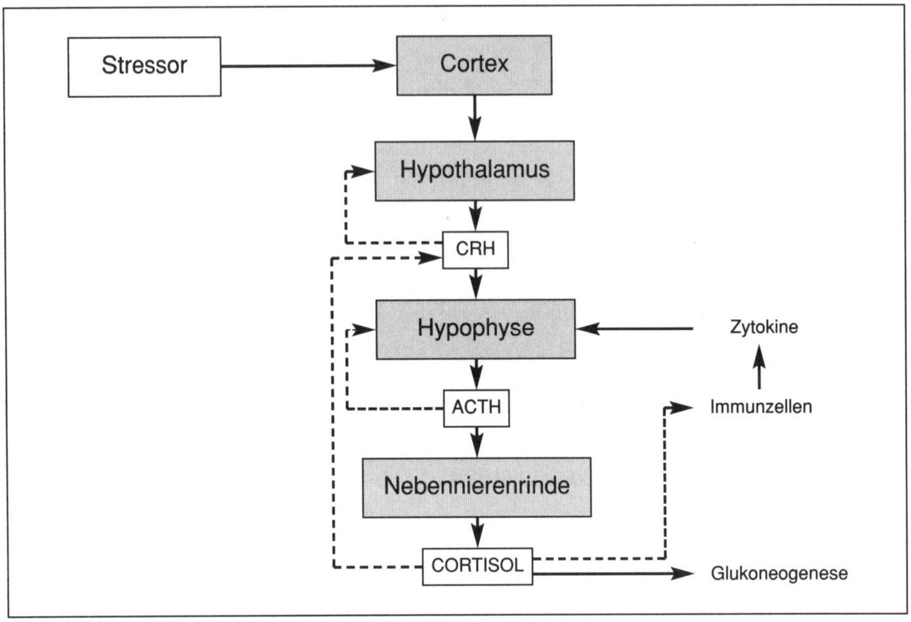

Abbildung 10: Hypothalamus-Hypophysen-Nebennierenrinden-Achse. Durchgezogene Pfeile bedeuten fördernde, freisetzende Wirkungen, gestrichelte Pfeile hemmende Wirkungen.

Die neuroendokrine Reaktion bei PTBS

Eigentlich würde man bei chronischem Stress, wie er bei Individuen mit psychotraumatischen Störungen vorliegt, dauerhaft erhöhte Cortisolspiegel erwarten, was aber auf Grund der gegenwärtigen empirischen Befundlage nicht der Fall zu sein scheint. Bei Patienten mit posttraumatischen Belastungsstörungen finden sich in der Regel erhöhte Spiegel des CRH in der Zerebrospinalflüssigkeit, eine supprimierte Freisetzung von ACTH sowie eine reduzierte Kortisolfreisetzung nach CRH-Stimulation. Die Forschungsbefunde weisen darauf hin, dass bei Patienten mit einer posttraumatischen Belastungsstörung spezifisch – und dies im Gegensatz beispielsweise zu depressiven Personen – eine übermäßige Freisetzung von CRH und ein Hypocortisolismus mit einer erhöhten negativen Feedbacksensitivität der Hypophyse und der Nebennierenrinde vorliegt (Ehlert et al., 1999; Ehlert, Gaab & Heinrichs, 2001). Diese Konstellation wird in der Literatur als paradoxe Regulation der Stressachse bei posttraumatischen Belastungsstörungen bezeichnet. Bei Vorhandensein eines Hypocortisolismus berichten Individuen allgemein über eine erhöhte Reizbarkeit, mehr Intrusionen, Angst, Depression und Müdigkeit. Zudem haben sie mehr körperliche Beschwerden, insbesondere Schmerzstörungen (Heim, Ehlert & Hellhammer, 2000). Es gibt allerdings auch Studien, die bei erwachsenen Patienten mit posttraumatischen Belastungsstörungen erhöhte Cortisolwerte nachwiesen und so die oben formulierten Hypothesen in Frage stellen (Lemieux & Coe,

1995; Maes et al., 1998). Bremner (1999) erklärt die inkonsistenten Befunde so, dass in der Akutphase nach einer Traumatisierung hohe Cortisolspiegel vorliegen, dass es aber beim einem chronischen Verlauf der posttraumatischen Belastungsstörung auf Grund einer veränderten HHNA-Dysregulation zu einem Hypocortisolismus kommt. Auf Grund der zum jetzigen Zeitpunkt vorliegenden Befunde ist ein umfassendes Verständnis der komplexen neuroendokrinologischen Vorgänge im Nachgang zu traumatisierenden Ereignissen sicherlich noch nicht vorhanden.

7.3 Psychophysiologische Veränderungen nach Psychotraumata

Seitdem Kardiner (1941) in den 40er Jahren des 20. Jahrhunderts die posttraumatische Belastungsstörung als Physioneurose konzeptualisiert hatte, wurden eine Reihe von Studien zu psychophysiologischen Veränderungen bei traumatisierten erwachsenen Individuen durchgeführt. Untersucht wurden dabei biologische Parameter wie Blutdruck, Puls und elektrodermale Aktivität, die Hinweise auf eine Aktivierung des sympathischen Systems geben. Die Befunde zeigen im Normalzustand keine Unterschiede zwischen Patienten mit einer posttraumatischen Belastungsstörung und Gesunden. Dagegen scheint die Präsentation traumarelevanter visueller und auditiver Stimuli in Abhängigkeit von der Spezifität der Stimuli und dem Schweregrad der Krankheitssymptome bei 60 bis 90 % der untersuchten Patienten mit einer posttraumatischen Belastungsstörung zu einer Erhöhung der elektrodermalen Aktivität, der Herzrate und des Blutdrucks zu führen (Orr, 1997; Southwick et al., 1999). Die Gewöhnung bei wiederholter Präsentation des Schreckreizes ist bei Patienten mit posttraumatischen Belastungsstörungen verringert (Shalev, Orr, Peri, Schreiber & Pitman, 1992). Weiter zeigen polysomnographische Schlafstudien bei Individuen mit posttraumatischer Symptomatik deutliche Veränderungen im Vergleich zu gesunden Kontrollgruppen. So treten mehr Wachzeiten während der Nacht auf, die Schlafzeit ist reduziert, die motorische Aktivität im Schlaf ist erhöht und es werden Veränderungen des REM-Schlafes beobachtet (Pitman, Orr, Shalev, Metzger & Mellman, 1999).

Dass psychophysiologische Reaktionen unmittelbar nach dem Trauma, zumindest bei Erwachsenen, einen bedeutenden prädiktiven Wert im Hinblick auf die Entwicklung einer nachfolgenden posttraumatischen Belastungsstörung haben können, verdeutlicht die Studie von Shalev et al. (1998). Die Autoren konnten nachweisen, dass ein signifikant erhöhter Puls unmittelbar nach einem traumatisierenden Ereignis mit einer erhöhten Morbidität assoziiert ist.

7.4 Neuroanatomische Veränderungen nach Psychotraumata

Der Einsatz moderner, bildgebender Verfahren wie beispielsweise MRI, fMRI und PET ermöglicht morphologische und funktionelle Untersuchungen des Gehirns traumatisierter Individuen. PET-Untersuchungen bei Erwachsenen haben gezeigt, dass unter experimentell induzierten Flashbacks das motorische Sprachzentrum (Broca-Areal) in seiner

Aktivität gehemmt wird und die Mandelkernregion (Amygdala) rechtshemisphärisch besonders aktiv ist (Rauch, van der Kolk & Fisler, 1996). Diese Befunde decken sich mit dem klinischen Phänomen, dass viele Traumaopfer das Ereignis nur bildhaft wiedererleben und es nicht oder schlecht in Worte fassen können.

Von besonderem Interesse im Zusammenhang mit posttraumatischen psychischen Störungen ist der Hippocampus, welcher eine wichtige Funktion bei komplexen Lern- und Gedächtnisprozessen innehat. Diese Funktionen sind bekanntlich bei Personen mit posttraumatischen Belastungsstörungen oft beeinträchtigt sind. Es hat sich wiederholt gezeigt, dass Stress zu neuronalem Zelluntergang führen kann, der sich neuroanatomisch in einer hippocampalen Atrophie und neuropsychologisch in verringerten Lern- und Gedächtnisleistungen widerspiegeln kann (Bremner, Randall & Capelli, 1995; Luine, Villages & Martinex, 1994; McEwen, 1998). Eine stressbedingte, hippocampale Atrophie könnte so dazu führen, dass traumaspezifische Reize nicht im expliziten Gedächtnis (Hippocampus), sondern im impliziten Gedächtnis (Amygdala) fragmentiert als zusammenhangslose Sinneseindrücke olfaktorischer, akustischer, visueller oder kinästhetischer Art gespeichert werden. Verschiedene Arbeiten wiesen nach, dass Patienten mit posttraumatischen Belastungsstörungen im Vergleich zu gesunden Kontrollpersonen im Durchschnitt um 5 bis 26 % verkleinerte Hippocampusvolumina aufweisen (Bremner, 1999; Stein, Yehuda, Koverola, Torchia & McClarty, 1997), wobei es auch eine Arbeit gibt, die keine diesbezügliche Unterschiede fand (Bonne et al., 2001). Aus tierexperimentellen Befunden ist schon länger bekannt, dass hohe Cortisolspiegel mit einer Schädigung des Hippocampus einhergehen (Uno, Tarara & Else, 1989). Zunächst ging man davon aus, dass das bei Individuen mit posttraumatischen Belastungsstörungen beobachtete verringerte hippokampale Volumen durch einen erhöhten Cortisolspiegel verursacht sein könnte und dass so die gedächtnisbezogenen, posttraumatischen Dysfuntionen erklärt werden könnten. Da traumatisierte Personen allerdings, nach kurzfristiger Überstimulation in der Akutphase nach dem Trauma, im Verlauf nicht wie postuliert erhöhte, sondern erniedrigte Cortisolspiegel aufweisen, ist die Sachlage hierzu sehr ungewiss. Es könnte sein, dass die Schädigung des Hippocampus durch die während des Traumas und unmittelbar danach erhöhten Cortisolwerte erfolgt und dass diese Schädigung später in der chronischen Phase der posttraumatischen Belastungsstörung mit reduzierten Cortisolspiegeln nicht mehr reversibel ist (Bremner, 1999). Es stellt sich allerdings auf Grund jüngster Forschungsbefunde auch die Frage, ob das bei Patienten mit posttraumatischen Belastungsstörungen beobachtete kleinere Hippocampus-Volumen nicht als Folge des Traumas sondern vielmehr als Prädiktor der posttraumatischen Belastungsstörung interpretiert werden muss (Gilbertson et al., 2002). Dies würde bedeuten, dass Menschen mit vorbestehend kleineren Hippocampi vulnerabler auf psychotraumatische Ereignisse reagieren.

7.5 Neurobiologische Studien bei Kindern

Leider gibt es nur vereinzelte Studien zu biologischen Auffälligkeiten bei psychisch traumatisierten Kindern, obwohl der sich entwickelnde kindliche Organismus und vor allem das kindliche Gehirn besonders vulnerabel auf chronische Stressoren sind und mit andauernden, vielleicht sogar irreversiblen, neurobiologischen Abnormalitäten reagieren (Bremner, 2003; Nelson & Carver, 1998; Pine, 2003; van der Kolk, 1998). Auch beim traumatisierten Kind zeigt sich – ähnlich wie beim Erwachsenen – auf neuroendokriner Ebene eine Dysregulation der HHNA mit erhöhten CRH-Werten (De Bellis et al., 1994; Hart, Gunnar & Cicchetti, 1996; Kaufman, 1991). Auf Grund inkonsistenter empirischer Befunde ist es allerdings zum jetzigen Zeitpunkt unklar, ob die Cortisolspiegel bei Kindern mit posttraumatischen Belastungsstörungen erhöht oder erniedrigt sind. So fanden Goenjian et al. (1996, 2003) bei Kindern und Jugendlichen, die sich fünf bis sechs Jahre vorher in der Nähe des Epizentrums eines Erdbebens befunden hatten und immer noch Symptome einer posttrauamtischen Belastungsstörung aufwiesen, signifikant erniedrigte basale Cortisolspiegel im Speichel und im Serum. Zu einem vergleichbaren Befund kamen (King, Mandansky, King, Fletcher & Brewer, 2001) bei sexuell missbrauchten Mädchen. Dagegen zeigte sich in anderen Studien ein genau gegenteiliger Befund, indem nämlich traumatisierte Kinder signifikant erhöhte Cortisolwerte aufwiesen (Carrion, Weems & Ray, 2002; De Bellis, Keshavan & Clark, 1999; Hart et al., 1996).

Ähnlich unübersichtlich und zudem noch viel schwächer ist die Befundlage hinsichtlich neuroanatomischer Veränderungen, die bei Kindern im Zusammenhang mit posttraumatischen Störungen auftreten. In einer MRI-Studie fanden De Bellis et al. (1999) bei misshandelten Kindern mit posttraumatischen Belastungsstörungen im Vergleich zu einer Kontrollgruppe ein reduziertes zerebrales Gesamtvolumen sowie einen verkleinerten Corpus callosum. Die zerebralen Veränderungen waren dabei mit der Dauer der Misshandlung sowie dem Ausmaß der posttraumatischen Belastungssymptomatik korreliert. Ebenfalls bei misshandelten Kindern zeigte sich in einer anderen Studie unerwarteterweise ein signifikant vergrösserter Gyrus temporalis superior (De Bellis et al., 2002). Schließlich fand dieselbe Forschungsgruppe (De Bellis et al., 1994) bei sexuell ausgebeuteten Mädchen auch Beeinträchtigungen des Immunsystems.

Die bisherigen Befunde geben somit zwar Hinweise, dass bei traumatisierten Kindern neuroanatomische Veränderungen beobachtet werden können. Wie diese genau aussehen, wie sie erklärt werden können und ob sie eher pathogenetisch oder eher als Folge der posttraumatischen Belastungsstörung interpretiert werden können, ist allerdings zum jetzigen Zeitpunkt noch unklar.

7.6 Fazit

Die Forschung zu den biologischen Veränderungen bei posttraumatischen psychischen Störungen befindet sich – insbesondere bei Kindern – nach wie vor im Anfangsstadium und ist zudem mit verschiedenen methodischen Mängeln behaftet. Die Interpretation der vorhandenen Befunde muss deshalb mit Vorsicht erfolgen. Auf Grund der gegenwärtigen Befundlage stellt sich beispielsweise die Frage, ob die beschriebenen psychobiologischen Dysregulationen wie der relative Hypocortisolismus mit einer erhöhten Feedbacksensitivität der HHNA, die erhöhte noradrenerge Aktivität sowie die Hinweise auf neuroanatomische Veränderungen spezifisch für die posttraumatischen Belastungsstörung sind

(Ehlert et al., 1999). Die gegenwärtig verfügbaren Studien lassen keinen endgültigen Schluss zu, auch wenn sich doch Hinweise ergeben, dass der Hypocortisolismus wahrscheinlich spezifisch für die posttraumatische Belastungsstörung ist und beispielsweise bei der Depression nicht beobachtet werden kann.

Unklar ist zum jetzigen Zeitpunkt weiter auch die Frage, ob die beobachteten neuroanatomischen Veränderungen wie beispielsweise ein reduziertes Hippocampusvolumen die Folge eines Traumas und der damit zusammenhängenden neuroendokrinen Antwort sind, oder ob sie bereits prätraumatisch vorhanden sind und damit als konstitutioneller Risikofaktor die Vulnerabilität für posttraumatische Störungen erhöhen (Gilbertson et al., 2002). Die Klärung der Rolle der neuroanatomischen Veränderungen bei Patienten mit posttraumatischen Belastungsstörungen setzt methodisch differenzierte und aufwändige Studien voraus, in welchen zwischen Ursache und Wirkung unterschieden werden kann.

Ein weiterer, bisher nicht erwähnter Aspekt betrifft die Auswirkungen psychischer Traumatisierungen auf die Entwicklung körperlicher Krankheiten. Einige Arbeiten aus dem Bereich der Psychoneuroimmunologie beschreiben negative Auswirkungen chronischer posttraumatischer Belastungsstörungen auf das menschliche Immunsystem, welche ebenfalls mit der Dysregulation der HHNA in Verbindung gebracht werden. So fanden verschiedene Studien, dass die posttraumatische Belastungsstörung bei Erwachsenen mit einem erhöhten Risiko für körperliche Krankheiten, insbesondere Infektionen und Erkrankungen des Nervensystems, einhergeht (Boscarino, 1997; Schnurr & Jankowski, 1999; Wagner, Wolfe, Rotnitsky, Proctor & Erickson, 2000).

Schließlich betonen zwar viele Autoren die besondere neurobiologische Vulnerabilität des kindlichen Organismus in Bezug auf chronischen Stress (Bremner, 2003; Nelson & Carver, 1998; Pine, 2003; van der Kolk, 1998). Fundierte prospektive Studien zu diesem Thema liegen hierzu allerdings zum jetzigen Zeitpunkt keine vor, sodass in diesem Bereich noch sehr viel spekuliert werden muss. Es ist zudem unklar, wieweit sich die bei erwachsenen Traumaopfern gewonnenen Befunde auf Kinder übertragen lassen. Es bleibt zu hoffen, dass zukünftig die Erforschung traumabiologischer Fragen bei Kindern intensiviert wird, damit einige dieser Fragen in absehbarer Zeit beantwortet werden können.

8 Notfallpsychologische Interventionen nach einem Psychotrauma

8.1 Grundsätze der Notfallpsychologie

Mit psychosozialen Interventionen in den ersten Stunden und Tagen nach einem traumatisierenden Ereignis befasst sich die Notfallpsychologie (Hausmann, 2003). Durch geeignete, sogenannte sekundär präventive Interventionen, soll dabei sichergestellt werden, dass akute Belastungsreaktionen, wie sie unmittelbar nach einem Trauma häufig auftreten, nicht in längerdauernde posttraumatische Belastungsstörungen oder in Anpassungsstörungen münden.

Es hat sich bei Erwachsenen gezeigt, dass Einflussfaktoren in der Zeit nach einem Trauma einen hohen prädiktiven Wert für den Verlauf von posttraumatischen Belastungsstörungen haben (Brewin et al., 2000). Genauso wie das somatische Trauma einer sofortigen Intervention durch den Notfallarzt bedarf, sollte auch das Psychotrauma baldmöglichst angegangen werden.

Es können dabei mehrere Ebenen der psychologischen Ersten Hilfe unterschieden werden (vgl. Kasten 7):

Kasten 7: Ebenen der Hilfe nach traumatischen Ereignissen

- Selbsthilfe
- Soziales Netzwerk
- Nicht spezialisierte Helfer
- Spezialisierte Helfer
- Psychosoziale Fachleute

- *Selbsthilfe:* Jedes Individuum, welches eine Trauma erlebt hat, versucht sich auf Grund seiner bisherigen Lebenserfahrung und der zur Verfügung stehenden persönlichen und materiellen Ressourcen zunächst selbst zu helfen. Kinder holen sich beispielsweise Unterstützung von den Eltern, versuchen sich von traumabezogenen Erinnerungsreizen abzulenken oder schlafen im Zimmer eines Geschwisters oder sogar im Elternbett aus Angst vor dem Alleinsein und Furcht vor intrusiven Erinnerungen.
- *Soziales Netzwerk:* Damit ist die bloße Anwesenheit eines Menschen gemeint, der das traumatisierte Kind beruhigt, ihm Sicherheit gibt, ihm zuhört, ihm etwas zu trinken oder zu essen besorgt. Es handelt sich hierbei um die einfachste und allgemeine Form der sozialen Unterstützung, die sowohl von den Eltern als auch von anderen Personen wie beispielsweise Passanten geleistet werden kann.
- *Nicht-spezialisierte Helfer:* Personen, die von Berufes wegen häufig mit traumatisierten Kindern und Jugendlichen zu tun haben, selbst jedoch keine spezifische notfallpsy-

chologische Ausbildung besitzen, können nach einem Trauma ebenfalls wichtige Betreuuungsfunktionen übernehmen. Dazu gehören beispielsweise Polizisten, Feuerwehrleute, Sanitäter und Samariter, die oft als Erste an Unglücksorten präsent sind.
- *Spezialisierte Helfer:* Es gibt vermehrt Helfer, die spezifisch für notfallpsychologische Interventionen ausgebildet sind und beispielsweise bei Katastrophen aufgeboten werden. Hierzu gehören beispielsweise besonders ausgebildete Personen der Einsatzkräfte und Seelsorger. Ihre Aufgabe liegt in der Vermittlung von Sicherheit, der Aktivierung von Ressourcen im sozialen Netzwerk der Traumatisierten sowie insbesondere in der Identifikation von posttraumatisch psychisch auffälligen Kindern, welche einer adäquaten Behandlung zugeführt werden müssen.
- *Psychosoziale Fachleute:* Psychologen und Psychiater, die in Notfallpsychologie und Psychotraumatologie ausgebildet sind, stellen die letzte und professionellste Ebene der notfallpsychologischen Intervention dar. Ihre Aufgabe liegt in der Durchführung spezifischer notfallpsychologischer Maßnahmen (z. B. psychologisches Debriefing), in der Identifikation besonders gefährdeter Kinder und Jugendlichen, in der Sicherstellung der psychologischen Versorgung in der Akutphase sowie in der allfälligen Einleitung einer psychotherapeutischen Behandlung. Eine wichtige Aufgabe haben psychosoziale Fachpersonen zudem in der Schulung von Helfern und allenfalls auch deren Betreuung nach belastenden Einsätzen.

Anhand des Interventionszeitpunktes kann zwischen akuten und frühen notfallpsychologischen Interventionen unterschieden werden (vgl. Abbildung 11).

- *Akute Interventionen* finden unmittelbar nach dem Trauma statt, d. h. innerhalb der ersten Stunden nach dem Ereignis. Häufig werden sie am Ort des Geschehens selbst durchgeführt und sind wenig strukturiert. Die Betroffenen leiden in dieser Akutphase sehr häufig unter akuten Belastungsreaktionen, wie sie im ICD-10 beschrieben sind.
- *Frühe Interventionen* werden im Anschluss an die akuten Maßnahmen, nach Abklingen der akuten Belastungsreaktionen, d. h. in den ersten Tagen nach dem traumatischen Ereignis durchgeführt. Dass das Kind sich wieder sicher fühlt, ist die Voraussetzung für alle frühen sekundär präventiven Interventionen (Wraith, 2000). Diese finden in der Regel nicht mehr am Ort des Geschehens statt und sind hoch strukturiert. Ein Beispiel einer frühen psychosozialen Intervention, welche durch Fachleute durchgeführt wird, stellt das psychologische Debriefing dar, welches in Kapitel 8.3 näher vorgestellt wird.

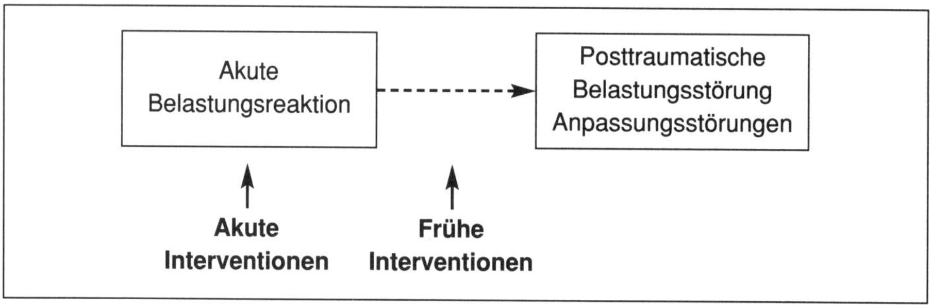

Abbildung 11: Ansatzpunkte der Psychologischen Ersten Hilfe

Erste Erfahrungen mit sekundär präventiven Interventionen stammen aus der Militärpsychiatrie zur Zeit der beiden Weltkriege (Marshall, 1947). Mit in Fronteinsätzen traumatisierten Soldaten wurden damals Gruppensitzungen durchgeführt, in denen sie ihre belastenden Erfahrungen beschreiben sollten. Damit wurde für jeden eine Einordnung seiner begrenzten Perspektive der Ereignisse in ein Gesamtbild der Geschehnisse möglich. Es wurde festgestellt, dass die Einsatzfähigkeit der Soldaten mit Hilfe solcher Sitzungen schneller wiederhergestellt werden konnte. Diese militärpsychiatrischen Interventionen waren allerdings noch nicht standardisiert.

8.2 Akute Interventionen nach einem Trauma

Jegliche notfallpsychologische Tätigkeit in der Akutphase, d. h. in den ersten Stunden nach einem Trauma beruht auf den in Kasten 8 ausgeführten Grundsätzen.

Kasten 8: Grundsätze der psychologischen Ersten Hilfe in der Akutphase

- Unverzüglichkeit
- Kontaktaufnahme
- Information
- Bei den Betroffenen bleiben
- Vermittlung von Geborgenheit und Sicherheit
- Wahrnehmung der Bedürfnisse der Betroffenen
- Eingehen auf Gefühle
- Keine Bagatellisierung des Geschehenen

Psychologische Erste Hilfe sollte möglichst unverzüglich nach einem traumatisierenden Ereignis sichergestellt sein. Die Helfer sollten ruhig mit dem traumatisierten Kind und allenfalls seinen Eltern Kontakt aufnehmen und sich vorstellen. Wichtig ist, dass man sich Zeit nimmt und mit der nötigen Ruhe handelt. Anschließend sollte das Traumaopfer altersgerecht darüber informiert werden, was geschehen ist und was in unmittelbarer Zukunft geschehen wird. Das Kind sollte beispielsweise darüber in Kenntnis gesetzt werden, dass ein Krankenwagen kommt oder dass seine Eltern in Kürze am Ort des Geschehens eintreffen werden, usw. Auf Fragen des Kindes sollte möglichst wahrheitsgetreu, jedoch situations- und altersangepasst geantwortet werden. Es ist wichtig, dass die Helfer präsent bleiben, d. h. das traumatisierte Kind nicht alleine lassen und ihm Sicherheit und Geborgenheit zu vermitteln versuchen. Hierbei können auch vertraute Gegenstände wie ein Kuscheltier oder ein Schnuller von Nutzen sein. Von großer Bedeutung nach einem traumatisierenden Ereignis ist es, dass das Kind baldmöglichst mit seinen engsten Bezugspersonen – in der Regel mit seinen Eltern – zusammengeführt wird (Yule, 1999). Dass das Kind sich wieder sicher fühlt ist eine wichtige Voraussetzung für alle fachspezifischen sekundär präventiven Interventionen (Wraith, 2000). Vom Kind geäußerte Gefühle sollen angesprochen und benannt werden. Keinesfalls dürfen Helfer das Geschehene bagatellisieren.

Klinische Erfahrungen belegen, dass viele Kinder und Jugendliche nach einem traumatischen Ereignis das natürliche Bedürfnis haben, über das Erlebte zu sprechen und dass dies positive Auswirkungen zu haben scheint (Salmon & Bryant, 2002). Dieses Reden über das Trauma muss nicht in strukturiertem, professionellem Rahmen stattfinden, sondern geschieht üblicherweise im Alltag des Kindes mit den Eltern, Freunden und anderen Bezugspersonen. Es gibt einige empirische Hinweise für den positiven Effekt solcher Gespräche. Stallard, Velleman und Baldwin (2001) fanden, dass Kinder, die nach Verkehrsunfällen über das Erlebte gesprochen hatten, acht Monate später weniger häufig an einer posttraumatischen Belastungsstörung litten im Vergleich zu jenen, die nicht darüber geredet hatten. Keppel-Benson, Olledick und Benson (2002) berichten, dass Kinder, welche nach einem Verkehrsunfall über sofortige soziale Unterstützung verfügten, später weniger Vermeidungsreaktionen zeigten. Die Kinder berichteten dabei, dass das Gespräch mit erwachsenen Bezugspersonen ihnen besonders geholfen hatte. Schließlich konnten Aaron et al. (1999) nachweisen, dass die Unterdrückung von traumabezogenen Gedanken und Gefühlen bei Kindern nach Unfällen die Entwicklung von posttraumatischen Belastungsstörungen begünstigte.

8.3 Frühe Interventionen nach einem Psychotrauma

Nach Abklingen der akuten Belastungsreaktion und einer damit einhergehenden ersten psychischen Stabilisierung des Traumaopfers, ändert sich der Fokus der notfallpsychologischen Interventionen. Nachdem es in den ersten Stunden unmittelbar nach dem traumatischen Ereignis primär um die Vermittlung von Sicherheit ging, treten nun andere Themen in den Vordergrund. Das Kind befindet sich nicht mehr in unmittelbarer Gefahr und es versucht nun allmählich das Geschehene zu begreifen. Bei einem Teil der Kinder treten einzelne oder mehrere Symptome der posttraumatischen Belastungsstörung auf, wie beispielsweise Intrusionen, Vermeidungsverhalten oder Übererregungssymptome, welche mit einem erheblichen Leidensdruck einhergehen können. Notfallpsychologische Interventionen in dieser frühen Phase müssen dies berücksichtigen und sollten mindestens die folgenden Aspekte beinhalten:

- Rekonstruktion des Ereignisses mit dem Kind und allenfalls seinen Eltern;
- Entpathologisierung der normalen Stressreaktionen;
- Vermittlung hilfreicher Bewältigungsstrategien;
- Identifizierung besonders gefährdeter Traumaopfer.

Ein weit verbreitetes, allerdings nach wie vor empirisch ungenügend abgesichertes sekundär präventives Interventionsverfahren in dieser Phase stellt das psychologische Debriefing dar, welches in der Folge näher vorgestellt werden soll.

8.3.1 Das Psychologische Debriefing als standardisierte Intervention

In den 1990er Jahren entwickelten Mitchell und Everly (1998) ein aus mehreren Komponenten bestehendes Modell zum Management belastender Ereignisse, das sogenannte *Critical Incident Stress Management (CISM)*. Der bekannteste und am besten elaborierte

Bestandteil des CISM ist das *Critical Incident Stress Debriefing (CISD)*, welches als Methode der Krisenintervention enwickelt wurde und ursprünglich zur Prävention posttraumatischer psychischer Symptome bei verschiedenen Helfergruppen (Feuerwehr, Polizei, Ambulanzpersonal) nach potenziell traumatisierenden Ereignissen verwendet wurde.

Durch den Einsatz des CISD sollte die Erholung der Einsatzkräfte nach belastenden Einsätzen gefördert sowie deren Fehlzeiten reduziert werden. Das CISD wurde explizit nicht als psychotherapeutische Intervention konzeptualisiert, sondern als sekundär präventive Methode zur Minimierung der Auswirkungen traumatischer Erlebnisse von Einsatzkräften. Über diesen ursprünglich recht eng definierten Anwendungsbereich hinaus wird das CISD heute verbreitet auch direkt bei Traumaopfern und sogar bei Kindern und Jugendlichen angewendet (Stallard & Salter, in press).

Die sieben Phasen des CISD

Ziel des CISD ist die Prävention längerdauernder posttraumatischer psychischer Störungen sowie die Identifizierung besonders gefährdeter Personen. Im Rahmen des Debriefings sollen die Betroffenen im Beisein einer Fachperson noch einmal hoch strukturiert und geleitet das traumatische Ereignis erzählen. Die kognitive Einordnung ist dabei von entscheidender Bedeutung für die Bewältigung. Wenn man sich mit dem Ablauf des Geschehenen auseinander gesetzt, einen roten Faden der Geschichte erzeugt hat, können die schwer lastenden, oft schlecht definierten Gefühle einfacher geklärt und integriert werden. Gemäß dem Manual von Mitchell und Everly (1998) sollte die CISD-Sitzung ungefähr 24 bis 72 Stunden nach dem potenziell traumatisierenden Ereignis stattfinden. Die Teilnahme am CISD ist freiwillig. Wie aus Abbildung 12 deutlich wird, bewegt sich der CISD-Prozess während der Sitzung von einer kognitiven Ebene (Phasen 1 bis 2) über eine eher emotionale Ebene (Phasen 3 bis 5) zurück zu einer kognitiven Ebene (Phasen 6 bis 7).

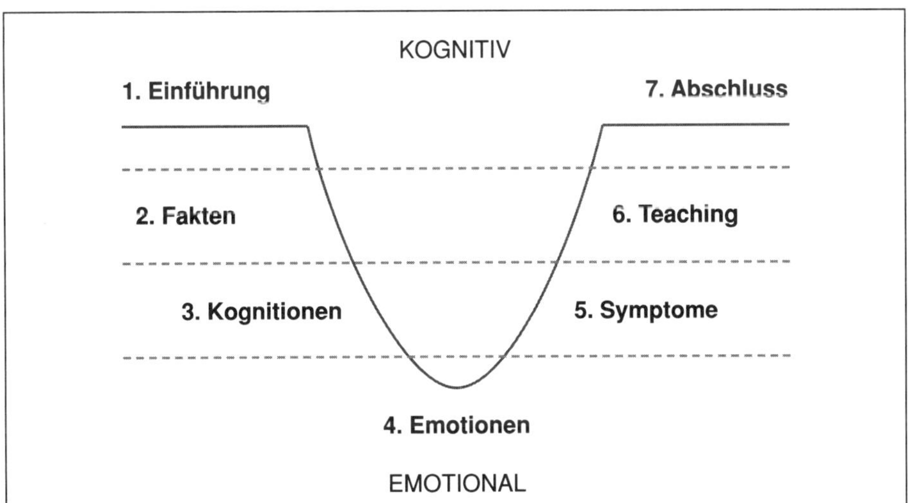

Abbildung 12: Die Phasen des CISD-Prozesses (Mitchell & Everly, 1998)

Dies ermöglicht es einerseits, den traumabezogenen Emotionen genügend Raum zu geben, diese aber gleichzeitig in das kognitive Schema eines Narrativs zu integrieren. Die eigentliche CISD-Sitzung ist hochstrukturiert und läuft nach den folgenden sieben genau festgelegten Schritten ab:

1. *Einführung:* In der Einführungsphase stellt sich das CISD-Team, welches bei einem Gruppendebriefing aus mindestens zwei psychosozialen Fachleuten (sog. Debriefern) besteht, vor und erklärt den Ablauf der Sitzung. Es werden die Erwartungen der Teilnehmer geklärt und die Ziele der Sitzung besprochen. Ein besonderer Hinweis betrifft die Vertraulichkeit der Sitzung.
2. *Fakten:* Die Teilnehmer des CISD werden gebeten, aus ihrer Perspektive in korrekter zeitlicher Abfolge und möglichst genau das traumatische Ereignis zu schildern. Ziel dieser Phase ist es, den objektiven Ablauf des Ereignisses zu klären und damit auf der kognitiven Ebene, einen roten Faden durch das Geschehene zu ziehen. Schließlich wird das Erzählte durch einen Debriefer zusammengefasst, was eine Objektivierung und Anerkennung des Geschehenen ermöglicht.
3. *Kognitionen:* In der dritten Phase werden die Teilnehmer des CISD nach ihren Gedanken während und unmittelbar nach dem traumatischen Ereignis gefragt. Dadurch wird ein Zugang zu den Attributionsstilen, Wertvorstellungen und Interpretationsweisen der Betroffenen möglich.
4. *Emotionen:* Diese vierte Phase ist gemäß Mitchell und Everly die Phase der Katharsis, in welcher das Eintauchen in die traumabezogenen Gefühle zugelassen wird. Im Mittelpunkt steht für die Teilnehmer die Frage nach der persönlich schlimmsten Erfahrung während des Traumas und den individuellen emotionalen Reaktionen.
5. *Symptome:* In der fünften Phase des CISD sollen die Teilnehmer die im Anschluss an das belastende Ereignis entstandenen Stresssymptome identifizieren und beschreiben, womit auch ein Übergang von einer emotionalen zu einer eher kognitiven Gesprächsebene eingeleitet wird.
6. *Unterweisung:* Ausgehend von den geschilderten Stresssymptomen klärt das CISD-Team die Traumaopfer in der Phase der Unterweisung über mögliche psychophysiologische Stressreaktionen nach Psychotraumata auf und normalisiert diese. Ein Schwerpunkt dieser Phase liegt zudem in der Vermittlung funktionaler Bewältigungsstrategien, mit welchen die verschiedenen Symptome angegangen werden können (z. B. Entspannungstechniken, Suche nach sozialer Unterstützung, Strukturierung des Alltags, usw.).
7. *Abschluss:* In der letzten Phase des CISD fassen die Debriefer den Prozess zusammen und symbolisieren damit noch einmal die Anerkennung des Geschehenen. Nach der Klärung offener Fragen wird auf die Notwendigkeit einer weiteren Sitzung sowie auf weiterführende Betreuungsmöglichkeiten (z. B. Einzelgespräche nach dem CISD, Therapiegruppen, Seelsorge) hingewiesen. Es werden zudem allfällig vorhandene psychotraumatologische Informationsbroschüren sowie die Adressen der Debriefer abgegeben.

8.3.2 Psychologisches Debriefing bei Kindern und Jugendlichen

Obwohl das CISD nicht für den Einsatz bei traumatisierten Kindern und Jugendlichen entwickelt worden ist, gibt es eine Reihe von Berichten zu dessen Anwendung im Kindesalter. So konnten beispielsweise Stallard und Law (1993) in einer methodisch allerdings nicht überzeugenden Studie zeigen, dass ein psychologisches Debriefing in einer Gruppe von Mädchen nach einen Schulbusunfall zu einer signifikanten Reduktion der posttraumatischen Symptomatik führte. Auch der englische Psychologe William Yule, einer der Pioniere der Kinderpsychotraumatologie, berichtet über die erfolgreiche Anwendung des Debriefings bei Überlebenden einer Fährschiffkatastrophe (Yule, 1992a).

Eine dem Debriefing ähnliche Krisenintervention für den Einsatz mit individuellen Kindern wurde von Pynoos und Eth (1986) entwickelt. Die als Interview konzeptualisierte Intervention kann typischerweise bei Kindern im Alter von 3 bis 16 Jahren durchgeführt werden, welche Zeugen eines gewaltsamen Aktes geworden sind. Auch wenn die Intervention von den Autoren nicht als Debriefing bezeichnet worden ist, so ist es diesem strukturell ähnlich und verfolgt ebenso ein präventives Ziel. Zu Beginn informiert der Therapeut das Kind darüber, dass er schon viele andere Kinder getroffen habe, die etwas Schlimmes erlebt haben. Das Kind wird aufgefordert eine Zeichnung über irgendetwas zu machen und dazu eine Geschichte zu erzählen. In der zweiten Phase des Interviews wird das Kind sodann ermuntert, das traumatische Ereignis zu beschreiben und es erfolgt eine systematische Rekonstruktion desselben. Die Fakten werden ausführlich diskutiert, ebenso die mit dem Ereignis verbundenen sensorischen Wahrnehmungen. Der Therapeut geht auf Gefühle der Hilflosigkeit, der Schuld und der Wut ein und normalisiert diese. Zum Abschluss des Interviews fasst der Therapeut das Gesagte zusammen und spricht mit dem Kind über die unmittelbare Zukunft. Zudem wird das Kind aufgefordert, sich beim Therapeuten zu melden, falls es nochmals über das Ereignis sprechen wolle. Das Interview dient gemäß Pynoos und Eth (1986) auch der Identifikation besonders gefährdeter Kinder.

Dyregrov (1991) beschreibt ausführlich die Anwendung des Debriefings bei Gruppen von Kindern und Jugendlichen. Die Intervention lehnt sich sehr stark an die Originalversion von Mitchell und Everly (1998) an und beginnt mit einer einführenden Phase, in welcher die Kinder über den Zweck und die Regeln des Debriefings informiert werden. Die Kinder werden ermuntert, über das traumatische Ereignis zu reden, um zu verstehen, was geschehen ist und wie sie sich gefühlt und wie sie reagiert haben. In der zweiten Phase – der sogenannten Phase der Fakten – soll das Ereignis aus der Sicht aller Kinder von Anfang bis zum Schluss möglichst genau rekonstruktiert werden. Dyregrov betont die Bedeutung dieser konkreten Informationen und die Notwendigkeit, dass der Debriefer schon vorgängig möglichst viele Informationen von verschiedenen Personen zum traumatischen Ereignis einholt. In der dritten Phase werden die Kognitionen der Kinder zum Trauma besprochen. Anschließend folgt die Besprechung der emotionalen Auswirkung des Ereignisses auf die einzelnen Kinder. Allerdings weist Dyregrov darauf hin, dass hier vorsichtig vorgegangen werden sollte. Er empfiehlt den Einsatz indirekter

Methoden wie beispielsweise das Zeichnen des schlimmsten Aspektes des Ereignisses. Der Debriefer achtet darauf, dass die Kinder ihre emotionalen Erfahrungen miteinander teilen. In der fünften Phase erläutert der Debriefer die normalen Reaktionen auf traumatische Ereignisse und weist auf die Ähnlichkeiten in den kindlichen Reaktionen und Kognitionen hin. Die Kinder sollen verstehen, dass ihre Reaktionen nicht pathologisch sind. Der Debriefer gibt zudem Ratschläge, die die Traumabewältigung fördern sollen. Zum Schluss des Gruppendebriefings fasst der Debriefer das Gesagte zusammen und beantwortet Fragen. Die Kinder werden zudem informiert, wohin sie sich wenden können, falls es ihnen in den folgenden Tagen schlecht gehen sollte.

In Anlehnung an Stallard und Salter (in press) müssen bei der Durchführung eines Debriefings im Kindesalter eine Reihe von Aspekten beachtet werden:

- *Entwicklungspsychologische Besonderheiten:* Es sollte darauf geachtet werden, dass das Debriefing bzw. andere sekundär präventive Interventionen dem Entwicklungsstand des Kindes angepasst sind. Mit jüngeren Kindern sind insbesondere Interventionen problematisch, die sich mit traumabezogenen Kognitionen und Emotionen befassen. Kinder unter 11 Jahren beschäftigen sich eher mit den Tatsachen und dem beobachtbaren Verhalten. Jüngere Kinder unter dem Alter von 7 Jahren äußern oft magische Vorstellungen und haben manchmal das Gefühl, dass sie am Ereignis schuld sind. Hier könnte insbesondere die Phase der Faktenklärung im CISM von großem Nutzen sein, da die Kinder verstehen können, dass nicht sie am Trauma schuld sind. Auf diese Weise könnten falsche Vorstellungen korrigiert werden.
  Aus entwicklungspsychologischen Überlegungen stellt sich auch die Frage, wie ein traumatisches Ereignis adäquat mit jüngeren Kindern rekonstruiert werden kann. In diesem Zusammenhang empfiehlt sich insbesondere der Einsatz von non-verbalem Material. Gross und Hayne (1998) konnten nachweisen, dass jüngere Kinder genauere verbale Berichte von traumatischen Ereignissen gaben, wenn sie während des Gespräches ein Bild des Ereignisses zeichneten. Auch Puppen und Spielzeug kann es jüngeren Kindern erleichtern, ein traumatisches Ereignis zu erzählen und konkret zu schildern, was genau geschehen ist.
- *Zeitpunkt des Debriefings:* Zur Frage nach dem idealen Zeitpunkt des Debriefings gibt es bis heute keine klaren empirischen Hinweise (Stallard & Salter, in press). Chemtob (2000) fordert, dass ein Debriefing erst dann durchgeführt werden sollte, wenn das traumatisierte Individuum den initialen Schock überwunden hat. Yule (1994) weist darauf hin, dass Kinder in den ersten Tagen „too numb“ sein könnten um von einem Debriefing zu profitieren und schlägt deshalb vor, ein Debriefing erst 7 bis 14 Tage nach dem traumatischen Ereignis durchzuführen.
- *Einbezug der Eltern:* Über den Nutzen des Einbezugs der Eltern ins Debriefing sind zum heutigen Zeitpunkt keine Studien verfügbar. Es wird argumentiert, dass sich das Kind im Beisein der Eltern gehemmt fühlen könnte, über das Trauma zu sprechen. Es besteht die Gefahr, dass das Kind beim Anblick der elterlichen Belastungsreaktionen im Debriefing, zusätzlich verängstigt werden könnte. Allerdings gibt es auch, insbesondere bei jüngeren Kindern, wichtige Gründe, die Eltern zukünftig vermehrt in den Debriefing-Prozess miteinzubeziehen, da ihnen unbestrittenermaßen eine zentrale Rolle in der kindlichen Traumabewältigung zukommt.

Im Folgenden soll eine eigene, aus dem CISD abgeleitete, in der Praxis bewährte und an traumatisierte Kinder angepasste, frühe sekundär präventive Intervention vorgestellt werden. Im Zusammenhang mit der Durchführung einer solchen Intervention, gilt es, eine Reihe von Dingen zu beachten: Das Debriefing sollte in den ersten Tagen nach dem Trauma stattfinden und zwar in einem kindergerechten Raum mit genügend Spiel- und Zeichnungsmaterialien. Es muss darauf geachtet werden, dass die Symptome der akuten Belastungsreaktion abgeklungen sind und das Kind sich in Sicherheit befindet. Bei jüngeren Kindern ist es von Vorteil, wenn mindestens ein Elternteil während des Debriefings zugegen ist. Das Debriefing sollte von spezifisch geschulten Fachpersonen durchgeführt werden, welche sich bereits vor der Intervention möglichst gut über das Geschehene informieren müssen. Das Debriefing stellt keine einmalige Intervention im Sinne einer einzigen Sitzung dar, sondern eine Folge von üblicherweise drei Sitzungen. Die Intervention kann sowohl im Einzel- als auch im Gruppensetting durchgeführt werden. Falls das Debriefing mit einer Gruppe von Kindern und Jugendlichen durchgeführt wird, muss unbedingt darauf geachtet werden, dass unterschiedlich stark traumatisierte Individuen nicht gemeinsam debrieft werden, da sonst die Gefahr einer sekundären Traumatisierung besteht.

Erste Sitzung

Kasten 9 zeigt die einzelnen Phasen der ersten Debriefingsitzung, welche in den ersten Tagen nach dem Trauma erfolgt. Zunächst gilt es, eine Beziehung zum Kind aufzubauen und sein Vertrauen zu gewinnen. Hierbei hat sich ein langsames, nicht traumabezogenes Vorgehen, allenfalls unter Einbezug der Eltern bewährt. Je nach Situation kann das Kind nach seiner Familie, seiner Schulsituation, seinen Hobbies usw. befragt werden. Wichtig ist, dass der Psychologe Ruhe und Sicherheit ausstrahlt. Gegen Schluss dieser Phase des Beziehungsaufbaus spricht der Psychologe das traumatische Ereignis an, auf Grund dessen das Gespräch stattfindet. Der Therapeut informiert das Kind darüber, dass er schon viele andere Kinder in diesem Raum gesehen hat, die auch etwas Schlimmes erlebt haben und dass es gut tun kann, das Erlebte noch einmal genau zu erzählen, über die Folgen des Ereignisses zu sprechen und gemeinsam zu überlegen, was in dieser Situation hilfreich sein könnte.

Kasten 9: Phasen der ersten Debriefingsitzung in den ersten Tagen nach dem Trauma

1. Beziehungsaufbau zum Kind
2. Rekonstruktion des traumatischen Ereignisses
3. Folgen des traumatischen Ereignisses
4. Psychoedukation
5. Individuelle Ressourcenaktivierung und konkrete Copingmöglichkeiten
6. Abschluss

Die Kinder werden nun in der zweiten Phase des Debriefings ermuntert, das traumatische Ereignis von Anfang bis zum Schluss mit Hilfe des Therapeuten und der allenfalls anwesenden Eltern möglichst genau zu rekonstruieren. Bei Durchführung einer Gruppenintervention soll die Sicht jedes einzelnen Kindes erfasst werden. Es hat sich dabei bewährt, diese Rekonstruktion möglichst konkret auch mittels Verwendung geeigneter Hilfsmittel wie Spielsachen, Zeichnungen und Skizzen vorzunehmen. Wichtig ist der Einbezug aller Sinnesmodalitäten. Das Kind soll nicht nur berichten, was es gesehen hat, sondern beispielsweise auch, was es gehört, gerochen, geschmeckt und gespürt hat.

Nach Abschluss der Rekonstruktion spricht der Therapeut mit dem betroffenen Kind über die Folgen, die das Ereignis für es gehabt hat. Das Kind wird nach Veränderungen in seinem Verhalten, seinem Denken und seinem Fühlen gefragt. Neben der Erfassung traumabezogener Kognitionen, sollten auch die im Nachgang zum Trauma aufgetretenen Symptome angesprochen werden. Es empfiehlt sich, spezifische posttraumatische Symptome auch anhand einer Symptomliste wie beispielsweise des CPTSD-RI abzufragen, um so eine quantitative Einschätzung der posttraumatischen Symptombelastung des betroffenen Kindes oder Jugendlichen zu erhalten.

Nach Erfassung dieser Reaktionen erfolgt mit der Psychoedukation ein nahtloser Übergang zur vierten Phase des Debriefings. Das Kind und seine Eltern werden über normale Stressreaktionen nach traumatischen Ereignissen informiert. Ein großes Gewicht wird dabei auf die Entpathologisierung des kindlichen Verhaltens gelegt.

Ausgehend von den individuellen Ressourcen des jeweiligen Kindes und seiner Familie werden in der nächsten Phase hilfreiche Bewältigungsstrategien besprochen. Besonders empfehlenswert sind Ablenkungsstrategien (z. B. Musik hören beim Einschlafen um das Auftreten von Intrusionen zu verhindern), die Wiedereinführung eines strukturieren Tagesablaufes (z. B. Schule), die permanente Möglichkeit emotionaler und sozialer Unterstützung (durch die Eltern oder Freunde) sowie auch die körperliche Betätigung beispielsweise im Rahmen sportlicher Aktivitäten. Den Eltern wird empfohlen, allfällige Ängste und Bedürfnisse ihrer Kinder in den ersten Wochen nach einem traumatischen Ereignis besonders ernst zu nehmen und alles zu unternehmen, was dem Kind Sicherheit gibt. So kann es beispielsweise durchaus angemessen und ratsam sein, das verängstigte Kind in den ersten Tagen nach einem traumatisierenden Ereignis im Bett der Eltern schlafen zu lassen.

Den Abschluss der ersten Debriefingsitzung bildet eine kurze Zusammenfassung des Gesagten, eine nochmalige Bewusstmachung der individuellen und familiären Ressourcen zur Traumabewältigung und ein Hinweis auf die zweite Sitzung, welche ungefähr eine Woche später stattfinden sollte. Wenn vorhanden, werden dem Kind und seinen Eltern wichtige Informationen zur Traumareaktion und -bewältigung in schriftlicher Form abgegeben. Die Betroffenen sollten zudem eine Kontaktadresse und -telefonnummer erhalten, unter welcher die psychologische Fachperson in der Zwischenzeit in dringenden Fällen kontaktiert werden kann.

Zweite Sitzung

Die zweite Sitzung des Debriefings findet in der Regel ungefähr eine Woche nach der ersten statt und beinhaltet die in Kasten 10 aufgeführten Phasen. Üblicherweise nehmen an dieser Sitzung dieselben Personen teil wie an der ersten.

Kasten 10: Phasen der zweiten Debriefingsitzung

1. Vertiefung der Beziehung
2. Neue traumabezogene Informationen
3. Verlauf der Symptomatik
4. Evaluation der Bewältigungsbemühungen
5. Ergänzende Interventionen
6. Abschluss

Zunächst geht es in dieser zweiten Sitzung um die Vertiefung der Beziehung zum traumatisierten Kind, um anschließend mit der traumabezogenen Exploration weiterzufahren. Im Gegensatz zur ersten Sitzung geht es nun darum, neue, in der Zwischenzeit in Erfahrung gebrachte oder wieder erinnerte Fakten im Zusammenhang mit dem Trauma zu ergänzen, sodass schließlich ein möglichst vollständiges Tatsachenbild des traumatischen Ereignisses vorliegt. Manchmal ist es empfehlenswert, hierbei auch Informationen von externer Seite (z. B. Polizeibericht, Zeugenaussagen) einzubeziehen, sofern diese verfügbar sind.

In einer nächsten Phase wird anschließend der Verlauf der posttraumatischen Symptomatik seit der ersten Sitzung erfasst. Um den Symptomverlauf quantitativ und qualitativ zu dokumentieren, kann erneut eine standardisierte Symptomliste eingesetzt werden.

In der vierten Phase dieser Sitzung wird anschließend mit dem Kind und seinen Eltern im Detail über die eingesetzten Bewältigungsstrategien und deren Nutzen in der Reduktion posttraumatischer Symptome gesprochen. Es werden hilfreiche und weniger hilfreiche Strategien identifiziert.

Falls die Belastungssymptomatik nicht regredient ist oder sogar zugenommen hat, werden neue, ergänzende Interventionen eingeführt und mit dem Kind besprochen. Abschließend wird ein Termin für eine Folgesitzung in zwei bis drei Wochen vereinbart sowie eine zwischenzeitliche Kontaktmöglichkeit zum Therapeuten sichergestellt.

Dritte Sitzung

Die dritte Sitzung des Debriefings findet in der Regel ungefähr vier Wochen nach dem Trauma statt und besteht aus den in Kasten 11 aufgeführten Phasen. Üblicherweise nehmen an dieser Sitzung dieselben Personen teil wie an den beiden ersten. Die Struktur der dritten Debriefingsitzung ist weitgehend identisch mit jener der zweiten. In der fünften Phase erfolgt nun bei persistierender posttraumatischer Symptomatik allerdings die Einleitung einer Psychotherapie. Damit verändert sich der Fokus weiterer Interventionen von einem sekundär-präventiven hin zu einem kurativen, da gemäß DSM-IV klinisch-relevante posttraumatische Symptombilder einen Monat nach dem Ereignis nun den Charakter psychischer Störungen aufweisen und entsprechend klassifiziert und mittels psychotherapeutischer Interventionen behandelt werden müssen (vgl. Kapitel 9).

Kasten 11: Phasen der dritten Debriefingsitzung

1. Vertiefung der Beziehung
2. Neue traumabezogene Informationen
3. Verlauf der Symptomatik
4. Evaluation der Bewältigungsbemühungen
5. Ergänzende Interventionen und allfällige Einleitung einer Psychotherapie
6. Abschluss

8.4 Effektivität sekundär präventiver Interventionen

Verschiedene Studien haben in jüngster Zeit gezeigt, dass der Nutzen sekundär präventiver Interventionen bei traumatisierten Erwachsenen keinesfalls belegt ist, auch wenn sich die meisten Betroffenen subjektiv sehr zufrieden über die Interventionen äußern (Rose, Bisson & Wessely, 2001). Die durchgeführten Evaluationsstudien sind ziemlich heterogen. Sie unterscheiden sich hinsichtlich der Art des Traumas, der Art der durchgeführten Interventionen, dem Zeitpunkt der Durchführung dieser Intervention sowie auch in der Operationalisierung des Evaluationskriteriums (Rose et al., 2001). Unter Berücksichtigung dieser methodischen Unzulänglichkeiten, kommen aktuelle Metaanalysen zum Schluss, dass es aus empirischer Sicht heute keine Evidenz gibt, dass beispielsweise der Einsatz eines psychologischen Debriefings der Prävention posttraumatischer Störungen dient (Ehlers & Clark, 2003; van Emmerik, Kamphuis, Hulsbosh & Emmelkamp, 2002; Wessely & Bisson, 2001). Es hat sich im Gegenteil sogar gezeigt, dass im Rahmen früher psychologischer Interventionen nach Psychotraumata die Gefahr einer sekundären Traumatisierung besteht und dass demzufolge solche Interventionen den Traumaopfern sogar zusätzlichen Schaden zufügen können.

Im Unterschied zur Situation bei Erwachsenen gibt es bisher vergleichsweise wenige, meist anekdotische oder unsystematische Berichte zur Effizienz sekundär präventiver Interventionen bei psychisch traumatisierten Kindern und Jugendlichen. Insbesondere liegen zum jetzigen Zeitpunkt keine randomisierten Kontrollstudien vor (Stallard & Salter, in press).

Pynoos und Eth (1986) beschreiben in einer frühen Arbeit ein Interview, welches sie mit einem 11-jährigen Mädchen durchgeführt haben, das Zeugin eines Gewaltverbrechens an ihrer Mutter wurde. Die Autoren beschreiben die Phasen des Interviews und berichten, dass das betroffene Mädchen gemäß ihren eigenen Aussagen davon profitiert habe.

Einige Studien schildern den Einsatz sekundär präventiver Interventionen in Gruppen von Kindern oder Jugendlichen. Klingman (1987) berichtet über eine Reihe verschiedener Kriseninterventionen bei 675 13-jährigen Kindern nach einem Zug-Bus-Zusammenstoß. Unter anderem wurden Gruppensitzungen angeboten und Informationen zum Prozess der Traumabewältigung abgegeben. Leider erfolgte keine Auswertung der Effekte dieser Interventionen. Casswell (1997) berichtet über die Durchführung zweier Debriefing-Sitzungen bei 46 Kindern und Jugendlichen nach einem Schulbusunfall. Die Interventionen fanden zwei und acht Wochen nach dem Ereignis statt. 34 Kinder wurden nachuntersucht und von diesen hatten sechs signifikant erhöhte Symptomwerte. Ebenfalls zwei Debriefing-Sitzungen führten Vila et al. (1999) bei 26 Kindern im Alter von sechs bis neun Jahren durch, welche in der Schule als Geiseln festgehalten worden waren. Mit Eltern und Kindern wurde dabei in separaten Gruppen ein Debriefing durchgeführt. Die Autoren halten fest, dass trotz dieser Intervention die Hälfte der Kinder eine posttraumatische Störung entwickelte. Poijula, Wahlberg und Dyregrov (2001) führten in einer finnischen Schule nach einem Schülersuizid eine zweiteilige Krisenintervention durch. Zunächst gab es ein formloses Gespräch mit den Schülern, in welchem diese ermuntert wurden, über das Erlebte zu sprechen sowie sich gegenseitig zu unterstützen. In den folgenden Tagen wurde anschließend ein formelles Debriefing gemäß den CISD-Richtlinien von Mitchell und Everly (1998) durchgeführt. Über den Nutzen dieser Interventionen liegen leider keine Informationen vor.

In drei weiteren Studien wird über ein verzögert durchgeführtes Debriefing berichtet, welches erst nach der Akutphase stattfand. Yule und Udwin (1991) führten mit 24 jugendlichen Mädchen zehn Tage nach einem Schiffsunfall ein Debriefing durch. In einer späteren Studie konnte Yule (1992a) zeigen, dass Kinder, bei denen ein Debriefing und weitere Gruppensitzungen stattfanden, weniger Symptome aufwiesen, als jene Kinder, bei denen keine Interventionen durchgeführt worden waren. Stallard und Law (1993) führten bei sieben Jugendlichen fünf Monate nach einem Schulbusunfall ebenfalls ein Debriefing durch und fanden eine signifikante Reduktion der posttraumatischen Symptombelastung bei diesen Kindern. Chemtob (2000) beschreibt eine dem Debriefing ähnliche Intervention bei Schulkindern, die ein bis zwei Jahre nach einem Wirbelsturm unter posttraumatischen Symptomen litten. Ein Jahr später zeigten sich bei diesen Kindern eine signifikante Reduktion der Symptomatik sowie eine bessere Konzentration in der Schule.

Zusammenfassend betrachtet ist die Befundlage zu den Auswirkungen sekundär präventiver Interventionen im Kindesalter mager und auf Grund methodischer Einschränkungen auch schwierig zu interpretieren. Systematische Studien zu den Auswirkungen solcher Maßnahmen bei traumatisierten Kindern liegen bis heute keine vor. Es ist deshalb zum jetzigen Zeitpunkt unklar, welche frühzeitigen psychosozialen Interventionen im Langzeitverlauf einen positiven Effekt haben und wann sie durchgeführt werden sollen. Erwähnenswert ist jedoch, dass es im Gegensatz zur Erwachsenenforschung bei Kindern bisher keine Studien gibt, die negative Auswirkungen sekundär präventiver Maßnahmen nachweisen konnten (Stallard & Salter, in press). In diesem Zusammenhang ist erwähnenswert, dass bei allen Studien mit positiven Effekten, das Debriefing länger als 72 Stunden nach dem Trauma durchgeführt wurde, was auf die Gefahr zu früher Interventionen hinweist. Yule und Udwin (1991) führten in ihrer Studie das Debriefing nach 10 Tagen durch. Vila et al. (1999) führten die zweite ihrer Debriefingsitzungen 6 Wochen nach dem Trauma durch, Stallard und Law (1993) nach fünf Monaten und Chemtob, Tomas, Law und Cremniter (1997) sogar erst nach ein bis zwei Jahren. Allerdings stellt sich die Frage, ob solch späte Interventionen mehrere Wochen nach dem Trauma noch einen sekundär präventiven Charakter haben.

Werden sekundär präventive Interventionen bei Kindern durchgeführt, so sind in jedem Fall die in Kapitel 8.3 erwähnten Grundsätze einzuhalten. Insbesondere sollen allfällige Maßnahmen nicht aus einer einzigen Sitzung bestehen und die Fachleute, welche die Interventionen durchführen, sollten eine spezifische Ausbildung besitzen. Eine in der Gruppenintervention enthaltene Gefahr bildet das „Aufrühren" von vorher nicht vorhandenen negativen Emotionen bei einzelnen Kindern durch die Schilderungen schwerer belasteter Kollegen. Dann muss auch darauf geachtet werden, dass vorhandene, funktionierende Bewältigungsstrategien bei Kindern und Jugendlichen nicht durch sekundär präventive Interventionen blockiert oder außer Kraft gesetzt werden. Zum Nutzen des Einbezuges der Eltern in sekundär präventive Maßnahmen liegen keine empirischen Befunde vor. Auf Grund der Bedeutung der Familie und insbesondere des elterlichen Verhaltens für die kindliche Traumabewältigung ist jedoch in aller Regel ein intensiver Einbezug der Eltern in den Beratungsprozess zu empfehlen.

9 Therapie

9.1 Übersicht

Kinder und Jugendliche, bei denen klinisch relevante posttraumatische Belastungssymptome vier bis sechs Wochen nach einem traumatischen Ereignis persistieren, sollten einer geeigneten psychotherapeutischen Behandlung zugeführt werden. Eine individuell auf das betroffene Kind zugeschnittene, traumaadaptierte Therapie setzt eine sorgfältige Diagnostik voraus, wozu auch die Identifizierung komorbider Störungen gehört (vgl. Kapitel 4).

Es gibt heute im Bereich der Behandlung traumatisierter Kinder und Jugendlicher eine Reihe verschiedener therapeutischer Zugänge, die von tiefenpsychologischen und anderen Spieltherapien, kognitiv-behavioralen und hypnotherapeutischen Einzeltherapien, EMDR, über Familien- und Gruppentherapien bis hin zu Pharmakotherapien reichen (vgl. Kasten 12). Die wichtigsten dieser Verfahren werden in Kapitel 9.3 vorgestellt. Umfassende Übersichtsarbeiten und Meta-Analysen bei Erwachsenen zeigen, dass psychologische Therapieverfahren effektiver sind und eine geringere Abbruchrate haben, als pharmakologische Behandlungen (Shalev, Bonne & Eth, 1996; Shermann, 1998; Teegen, 2000; van Etten & Taylor, 1998). Unter den psychologischen Therapieverfahren haben sich die kognitiv-behavioralen Verfahren sowie die Augenbewegungs-Desensibilisierung (EMDR) als besonders effektiv erwiesen.

Kasten 12: Verfahren der Traumatherapie

- **Einzelpsychotherapie**
  - Kognitiv-behaviorale Therapie
  - Spieltherapie
  - Hypnotherapie
  - EMDR
- **Gruppentherapie**
- **Familientherapie**
- **Pharmakotherapie**

Anhand des in Kapitel 6 präsentierten transaktionalen Stressbewältigungsmodells ergeben sich grundsätzlich vier verschiedene Interventionsfelder, mit deren Hilfe die psychosozialen Folgen eines Psychotraumas therapeutisch beeinflusst werden können (vgl. Abbildung 13). Selbstverständlich ergeben sich in der Praxis der Traumatherapie beliebige Kombinationsmöglichkeiten dieser nachfolgend vorgestellten Interventionsfelder.

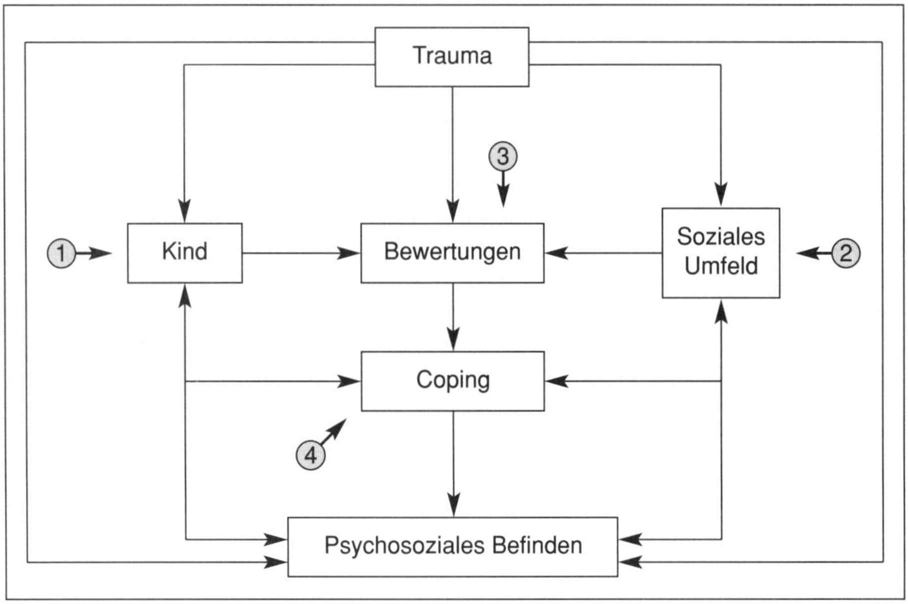

Abbildung 13: Interventionsfelder der Traumatherapie in Anlehnung an Landolt (2003b)

Interventionsfeld 1: Zu den im Interventionsfeld 1 ansetzenden Maßnahmen zählen all jene kind-zentrierten Interventionen, die durch Veränderung intrapersoneller psychologischer und biologischer Faktoren die Traumafolgen zu beeinflussen versuchen. Hierzu gehören beispielsweise persönlichkeitsstärkende Verfahren, Spieltherapien (Ryan & Needham, 2001) aber auch Pharmakotherapien und Entspannungsverfahren (z. B. Autogenes Training, progressive Muskelrelaxation), die besonders im Jugendalter oft zur Behandlung posttraumatischer Stresssymptome eingesetzt werden. Auch hypnotherapeutische Therapieverfahren sowie die in jüngster Zeit entwickelte, bei Kindern allerdings noch ungenügend überprüfte, Augenbewegungs-Desensibilisierung-Methode EMDR (Shapiro, 1998) setzen bei dieser Modellkomponente an.

Interventionsfeld 2: Das soziale Umfeld des traumatisierten Kindes stellt ein zweites potenzielles Interventionsfeld für psychosoziale Behandlungsansätze dar. Durch Optimierung der sozialen Bedingungen, in welchen das betroffene Kind lebt, sollen die Folgen eines psychischen Traumas minimiert und die Heilungsbedingungen optimiert werden. Hierzu gehören beispielsweise jene, teilweise psychoedukativen Interventionen, bei denen die Eltern und das weitere soziale Umfeld des traumatisierten Kindes über posttraumatische Belastungsreaktionen und mögliche Bewältigungsstrategien informiert werden. Eltern sind auch hier oft die geeignetsten Therapeuten ihrer Kinder, wenn sie entsprechend beraten werden. Auch familientherapeutische Verfahren unter Einbezug der Geschwisterkinder sowie psychosoziale Interventionen in der Schule oder der Gleichaltrigengruppe versuchen diese Modellkomponente zu beeinflussen und damit die Bewältigungsbedingungen für das traumatisierte Kind zu verbessern.

Interventionsfeld 3: Als weiteres potenzielles Interventionsfeld für die Traumatherapie bieten sich die traumabezogenen Bewertungen an. Durch die Korrektur und Restrukturierung allfälliger dysfunktionaler, rigider Kognitionen bezüglich des Traumas, der eigenen Person und/oder des sozialen Umfeldes, wie es beispielsweise im Rahmen der kognitiv-behavioralen Therapie geschieht, können nachteilige Langzeitfolgen positiv beeinflusst werden.

Interventionsfeld 4: Schließlich eröffnen sich über die direkte Beeinflussung dysfunktionaler Bewältigungsstrategien weitere mögliche Interventionsfelder für die Traumatherapie. Hierzu gehören jene verhaltenstherapeutische Behandlungsansätze, in welchen mit dem traumatisierten Kind beispielsweise in Form von Rollenspielen funktionale Bewältigungsstrategien eingeübt werden (Saigh, 1992). Auch im Rahmen von gruppentherapeutischen Ansätzen können über Prozesse des Modelllernens alternative Bewältigungsstrategien vermittelt und eingeübt werden. Maßnahmen im Interventionsfeld 4 werden in der Praxis häufig mit solchen im Interventionsfeld 3 kombiniert, da der Grund für die Verwendung ungüstiger Copingstrategien häufig mit dysfunktionalen Bewertungsprozessen zusammenhängt.

9.2 Grundlagen der Therapie

Zweifellos stellt die Behandlung traumatisierter Kinder und Jugendlicher besondere Anforderungen an die fachliche Kompetenz und Belastbarkeit der Therapeuten. Diese müssen nicht nur über spezifische Kenntnisse im Bereich der Traumatherapie verfügen, sondern auch auf die eigene Psychohygiene achten, damit sie durch die Erlebnisse ihrer Patienten nicht sekundär traumatisiert werden. Die therapeutische Arbeit setzt eine klare und reflektierte Haltung beim Therapeuten voraus, da die Berichte traumatischer Ereignisse oft starke Gegenübertragungsgefühle auslösen. Der Therapeut soll sich durch die Traumaerzählung des Kindes berühren lassen, zugleich jedoch der pathogenen Gewalt des Traumas standhalten und dieser kompensierende und protektive Kräfte entgegenhalten.

Die Behandlung traumatisierter Kinder sollte unabhängig vom eingesetzten Verfahren die in Abbildung 14 dargestellten drei Phasen beinhalten.

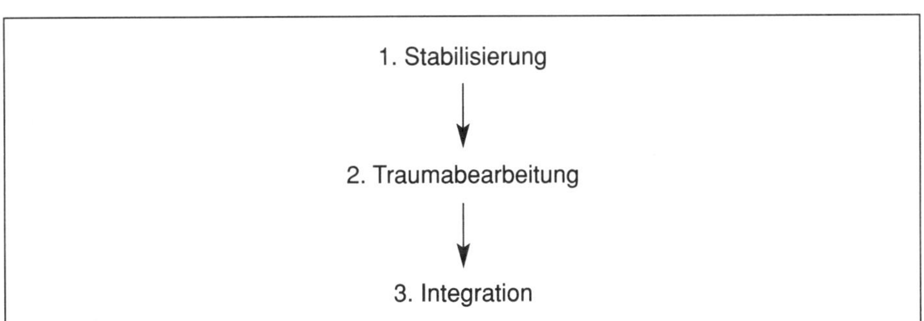

Abbildung 14: Phasen der Traumatherapie

Stabilisierung

Bevor mit der eigentlichen psychotherapeutischen Traumabearbeitung begonnen werden kann, muss das Kind somatisch, psychisch und sozial stabilisiert sein und es muss eine tragfähige therapeutische Beziehung etabliert werden. Dies ist die Voraussetzung dafür, die belastende Auseinandersetzung mit den traumatischen Erlebnissen in Angriff nehmen zu können.

Im *somatischen Bereich* müssen traumatisierte Kinder soweit behandelt sein, dass allfällig vorhandene, körperliche Leiden eine Traumatherapie nicht behindern. Dies ist insbesondere bei schwer verletzten Kindern (z. B. nach Verkehrs- oder Verbrennungsunfällen) von immenser Bedeutung.

Im *sozialen Bereich* muss sich das betroffene Kind auf ein sicheres Beziehungsnetz abstützen können. Bei Gewaltverbrechen ist ein Abbruch des Kontaktes zum Täter wichtig, was allerdings gerade bei Kindern und Jugendlichen, die intrafamiliäre Gewalt und sexuelle Übergriffe erlitten haben, manchmal besonders schwierig ist. Solange das Kind sich nicht in sozial stabilen Verhältnissen befindet, ist eine eigentliche traumazentrierte Psychotherapie oft nicht möglich.

Eine der Traumabearbeitung vorangehende *psychische Stabilisierung* ist insbesondere bei schwerer traumatisierten Kindern oder bei Vorhandensein komorbider Störungen nötig und kann manchmal sehr viel Zeit in Anspruch nehmen. Ziel ist hierbei die Stärkung des Selbstwertgefühls und der Ich-Funktionen des Kindes. Dabei können ressourcenorientierte Techniken wie Tagebuchtechniken, imaginative Techniken und körperorientierte Verfahren, sowie Techniken aus der Verhaltenstherapie wie Selbstsicherheitstrainings und Angstbewältigungstrainings eingesetzt werden. Da Kinder mit vorbestehender Psychopathologie ein erhöhtes Risiko für posttraumatische Belastungsstörungen haben, ist es wichtig, psychische Störungen zu erkennen, die nicht mit dem Trauma in Verbindung stehen. Diese Störungen benötigen häufig eine andere Therapie als die traumabezogene Symptomatik. Eine sorgfältige Diagnostik ist in diesem Zusammenhang sehr wichtig.

Traumabearbeitung

Den meisten traumaspezifischen Verfahren im Kindesalter ist gemeinsam, dass sie eine direkte Auseinandersetzung mit dem traumatischen Ereignis im Rahmen der Psychotherapie als essenziell betrachten. Die aktuellen Richtlinien der amerikanischen Gesellschaft für Kinder- und Jugendpsychiatrie (American Academy of Child and Adolescent Psychiatry, 1998) empfehlen die direkte Exploration des Traumas mit dem Kind und den Ausdruck der mit dem Trauma einhergehenden Emotionen. In Abhängigkeit des eingesetzten Therapieverfahrens (kognitiv-behaviorale Therapie, Spieltherapie, EMDR, Hypnotherapie) erfolgt diese Auseinandersetzung auf jeweils andere Art und Weise (vgl. Kapitel 9.3). So legt beispielsweise die kognitiv-behaviorale Therapie ein besonderes Gewicht auf die Einübung spezifischer Stressbewältigungsstrategien sowie die Exploration und Korrektur inadäquater, traumabezogener Kognitionen. Im Allgemeinen soll die traumabezogene Phase der Behandlung sowohl die Konfrontation mit traumarelevanten

Reizen als auch generell eine Verringerung des Vermeidungsverhaltens und eine Umstrukturierung dysfunktionaler Kognitionen zu Trauma und Symptomatik einschließen. Das Ziel ist die Wiederherstellung des Gefühls der Sicherheit und der Kontrolle.

Integration

Nach erfolgter Traumabearbeitung steht die Integration des Traumas in die Lebensgeschichte im Zentrum der Behandlung. Die im Zusammenhang mit der posttraumatischen Belastungsstörung stehende, eingeschränkte Zukunftsorientierheit, welche besonders im Jugendalter häufig ist, ist in dieser Phase in der Regel überwunden. Der Fokus der Therapie kann sich nun auf zukunftsbezogene Themen verlagern, die im Rahmen der posttraumatischen Belastungsstörung im Hintergrund standen. Dies ist auch deshalb wichtig, weil ein allzu ausschließlicher Blick auf das Trauma und seine negativen Folgen dazu führen kann, dass das traumatisierte Kind in seiner Opferrolle verharrt. Die Fokussierung auf eine zukunftsorientierte und salutogenetische Perspektive kann dem betroffenen Kind oder Jugendlichen helfen, sein Leben wieder aktiv in die Hand zu nehmen.

9.3 Einzeltherapeutische Ansätze

9.3.1 Kognitiv-behaviorale Therapie

Kognitiv-behaviorale Behandlungsansätze beruhen auf Erkenntnissen der klassischen und kognitiven Lerntheorien sowie den sozialen Lerntheorien und ihren Weiterentwicklungen. Sie finden breite Anwendung im Bereich der Therapie posttraumatischer Störungen und ihre Wirkung ist empirisch gut überprüft. Eine wesentliche Annahme der kognitiven Verhaltenstherapie ist die Hypothese, dass nicht Reize an sich, sondern die persönliche Interpretation der Reize (Bewertung) die Qualität der Empfindung und damit das Verhalten bestimmt. Wie in Kapitel 6 ausgeführt wurde, ist die Bedeutung von Bewertungsprozessen für die Entwicklung und Aufrechterhaltung posttraumatischer Störung mehrfach belegt. Schematisch ablaufende kognitive Prozesse machen sich beispielsweise in beinahe stereotyp ablaufenden inneren Texten („automatischen Gedanken“) oder Bilderfolgen bemerkbar. Die Anwendung kognitiv-behavioraler Therapieverfahren ist deshalb bei traumatisierten Kindern und Jugendlichen nahe liegend.

Im Rahmen der kognitiv-behaviorale Therapie gibt es eine Reihe unterschiedlicher verhaltensorientierter und kognitiver Techniken und Behandlungsmethoden, welche auch zur Behandlung posttraumatischer Belastungsstörungen eingesetzt werden können (vgl. Tabelle 4). Die bekanntesten sind Entspannungsverfahren, Modelllernen, Problemlösetraining, Reizkonfrontation, Techniken der Stimulus- und Konsequenzkontrolle, Techniken der Selbstkontrolle, das systematische Einüben eines Zielverhaltens mit dem Rollenspiel, das systematische Desensiblisieren sowie kognitive Verfahren (Hautzinger, 2000; Ronen, 2000). Letztere zielen auf die Korrektur dysfunktionaler Kognitionen bezüglich des Traumas, der eigenen Person, des sozialen Umfeldes sowie der Welt ab (Ehlers, 1999). Die Betroffenen werden dabei zur Beobachtung automatisierter (dysfunktionaler) Gedanken und zum Üben realitätsgerechter Bewertungen angeleitet. Dabei lernt der Patient, seine Gedanken und Interpretationen zu identifizieren und zu hinterfragen, also nicht mehr automatisch als wahr zu betrachten.

Tabelle 4: Techniken der kognitiv-behavioralen Therapie (adaptiert nach Reinecker & Lakatos, 1998)

Techniken der Stimuluskontrolle	– Angstbewältigungstraining – Systematische Desensibilisierung – Exposition – Massierte Konfrontation (flooding)
Techniken der Konsequenzkontrolle	– Belohnungsverfahren – Bestrafungsverfahren – Löschung von Verhalten – Reaktionskontingente Verstärkung – Kontigenzmanagement – Time-out
Techniken der Selbstkontrolle	– Selbstbeobachtung – Stimulus- und Kontingenzkontrolle
Techniken des Modelllernens	– Modelllernen in vivo – Darbietung symbolischer Modelle – Verdecktes Modelllernen
Entspannungsverfahren	– Atemtechniken – Autogenes Training – Progressive Muskelrelaxation
Kognitive Verfahren	– Identifikation dysfunktionaler Kognitionen – Kognitive Umstrukturierung – Problemlösetraining – Selbstinstruktionstraining

Es gibt eine Reihe randomisierter Kontrollstudien zur Überprüfung des Nutzens kognitiv-behavioraler Therapieverfahren bei Kindern (vgl. Tabelle 5). Die bisherigen Untersuchungen wurden alle bei sexuell ausgebeuteten Kindern durchgeführt, die an einer posttraumatischen Belastungsstörung litten. Die Befunde zeigen, dass kognitiv-behaviorale Behandlungstechniken erfolgreich zur Behandlung dieser Störungen eingesetzt werden können.

Ablauf einer kognitiv-behavioralen Behandlung bei einer posttraumatischen Belastungsstörung

Kasten 13 zeigt schematisch den Ablauf einer kognitiv-behavioralen Behandlung bei einer posttraumatischen Belastungsstörung. Großer Wert wird auch hier zunächst auf den Aufbau eines guten Rapports zum Patienten sowie auf eine somatopsychische Stabilisierung gelegt. Sodann sind der Patient und seine Eltern ausführlich über die geplante Therapie zu informieren. Da auch die kognitiv-behaviorale Behandlung einer posttraumatischen Belastungsstörung eine Auseinandersetzung mit traumaspezifischen Inhalten beinhaltet, treten im Rahmen der Therapie oft Ängste auf. Die Einübung eines altersentsprechenden Entspannungsverfahrens zur Angstbewältigung hat sich in diesem Zusammenhang sehr bewährt (Pine & Cohen, 2002). Auf diese Übungen kann in der Therapie stets zurückgegriffen werden, wenn das Angstniveau des Kindes zu hoch wird. In Frage kommen verschiedene Atemtechniken, Autogenes Training, progressive Muskelrelaxation, Biofeedback sowie Imaginationsübungen aus dem Bereich der Hypnotherapie (z.B. Rückzug an einen sicheren Ort). Für die Arbeit mit Kindern liegt beispielsweise eine altersgerechte Variante des Autogenen Trainings von Petermann und Petermann (1998) vor, wo die entspannungsinduzierenden Items mit kindgerechten Imaginationen verbunden werden.

Tabelle 5: Randomisierte Kontrollstudien (KBT: kognitiv-behaviorale Therapie)

Referenz	n	Design	Altersspanne	Trauma	Befunde
Cohen & Mannarino, 1996	67	KBT vs. supportive Therapie	3–6 J.	Sexuelle Ausbeutung	KBT > supportive Therapie
Cohen & Mannarino, 1998	49	KBT vs. supportive Therapie	8–14 J.	Sexuelle Ausbeutung	KBT > supportive Therapie
Celano, Hazzard, Webb & McCall, 1996	32	KBT vs. supportive Therapie	8–13 J.	Sexuelle Ausbeutung	Kein Unterschied zwischen den Gruppen
Deblinger, Lippman & Steer, 1996; Deblinger, Steer & Lippman, 1999	100	KBT-Kind vs. KBT-Eltern vs.keine Behandlung	7–13 J.	Sexuelle Ausbeutung	KBT-Kind > KBT Eltern > keine Behandlung
King et al., 2000	36	KBT vs. Warteliste	5–17 J.	Sexuelle Ausbeutung	KBT > Warteliste

Der nächste Schritt der Behandlung besteht in der ausführlichen Exploration des Traumas. Dabei kann die mündliche Erzählung durch einen schriftlichen Bericht (sog. Traumaskript) und durch gestalterische Hilfsmittel (Zeichnungen, Skizzen, usw.) ergänzt werden. Bei hohem Angstniveau des Kindes erfolgt die Exploration bzw. Exposition graduell. Die anschließende Identifikation dysfunktionaler Kognitionen (z. B. unangebrachte Schuldgefühle) und Verhaltensweisen bzw. Symptomen (z. B. Vermeidungsverhalten) dient der Planung der weiteren Therapieschritte. Zunächst werden mit Hilfe kognitiver Verfahren die dysfunktionalen Bewertungen angegangen. Hierbei werden beispielsweise Selbstkontrollverfahren wie das Einüben positiver Selbstinstruktionen oder der Gedankenstop eingesetzt. In einem nächsten Schritt wird sodann, in Abhängigkeit des identifizierten Problemverhaltens, die Einübung alternativer Verhaltensweisen durchgeführt. Je nach Situation können hierbei Techniken der systematischen Desensibilisierung, des Rollenspiels, der Stimulus- und Konsequenzkontrolle u. Ä. eingesetzt werden. Die alternativen Verhaltensweisen können zunächst im therapeutischen Kontext eingeübt werden, um dann in einem zweiten Schritt in vivo eingesetzt zu werden.

Den Abschluss der Behandlung bilden eine Zusammenfassung wichtiger Therapieinhalte, welche eine Verstärkung der Neubewertung des Traumas und der eingeübten Verhaltensstrategien beinhaltet sowie eine Rückfallprophylaxe. Empfohlen wird zudem die Überprüfung des Therapieerfolges mittels eines standardisierten Verfahrens (vgl. Kapitel 4).

Kasten 13: Kognitiv-behaviorale Behandlung einer posttraumatischen Belastungsstörung

1. Beziehungsaufbau und Stabilisierung, Information über die Behandlung
2. Einübung eines Entspannungsverfahrens zur Angstbewältigung (z. B. Atemtechniken)
3. Traumaexploration
4. Identifikation dysfunktionaler Kognitionen und Verhaltensweisen
5. Kognitives Training, Neubewertung
6. Einübung alternativer Verhaltens- und Copingsstrategien
7. Abschluss

9.3.2 Spieltherapie

Spieltherapien können in Anlehnung an von Gontard und Lehmkuhl (2003) als Psychotherapien mit dem Medium des Spiels definiert werden, die sich bezüglich der theoretischen Prämissen und der praktischen Durchführung unterscheiden. Im Grunde genommen handelt es sich nicht um eine eigene Therapierichtung, sondern um eine Technik. Trotz der Vielfalt unterschiedlicher spieltherapeutischer Zugänge (O'Connor & Braverman, 1997), sind auch heute noch die analytisch-tiefenpsychologische und die personenzentrierte Spieltherapie die am häufigsten angewendeten Verfahren. Mittels Spieltherapien werden sehr unterschiedliche psychische Störungen behandelt, wobei klare Indikationskriterien bis heute fehlen (Kazdin, 2000). Gemeinsam ist allen Spieltherapien, dass das Spiel als primäres Medium der Behandlung angesehen wird und dass die Frequenz bei ein bis zwei Sitzungen pro Woche liegt. Das ideale Alter zur Durchführung spieltherapeutischer Verfahren liegt bei 4 bis 12 Jahren (von Gontard & Lehmkuhl, 2003). Häufig werden begleitende Elterngespräche eingesetzt.

Der Einsatz spielerischer und kreativer, non-verbaler Verfahren hat unbestrittenerweise auch in der Diagnostik und Behandlung traumatisierter Kinder einen hohen Stellenwert (Gaensbauer, 2000; Gil, 1991; Marvasti, 1993; Terr, 1990). Gil (1991) beispielsweise spricht in diesem Zusammenhang von der „heilenden Kraft des Spiels". Obwohl sich das Spiel hervorragend zur Kommunikation mit traumatisierten Kindern eignet und obwohl viele Praktiker traumatisierte Kinder mit Spieltherapien behandeln (Cohen, Mannarino & Rogal, 2001), gibt ist es zum jetzigen Zeitpunkt keine systematischen und kontrollierten Studien zur Wirksamkeit von Spieltherapien in der Behandlung von posttraumatischen Belastungsstörungen (Ryan & Needham, 2001). Ryan und Needham (2001, S.440) halten sicherlich zu Recht fest, dass sich die diesbezüglichen empirischen Bemühungen noch in einem „embryonalen Stadium" befinden. Die in einer grösseren Zahl vorhandenen Fallbeschreibungen, zum Teil anekdotischer Art, betreffen meist nicht Kinder mit isolierten posttraumatischen Belastungsstörungen, sondern Patienten mit komplexeren psychischen Störungen im Zusammenhang mit besonders schwerwiegenden oder mehrfachen traumatischen Ereignissen (Stockburger, 2002). Solche Therapieberichte sind nur bedingt übertragbar auf Kinder und Jugendliche, welche im Zusammenhang mit einem einmaligen Trauma eine isolierte posttraumatische Belastungsstörung entwickelt haben.

Kasten 14: Indikationskriterien für eine Spieltherapie bei traumatisierten Kindern

- Hohes Angstniveau bei Konfrontation mit traumatischen Inhalten
- Dissoziative Amnesie für traumabezogene Inhalte
- Vorschulalter
- Komorbidität der posttraumatischen Belastungsstörung mit anderen Störungen

Kasten 14 zeigt die Indikationskriterien zur Durchführung personenzentrierter und tiefenpsychologischer Spieltherapien bei traumatisierten Kindern. Die Indikation ergibt sich zunächst bei jenen Kindern, bei denen eine direkte Konfrontation mit dem Trauma auf Grund eines hohen Angstniveaus nicht möglich ist und/oder bei denen komorbide Störungen vorhanden sind, die erfahrungsgemäß mit spieltherapeutischen Verfahren erfolgreich behandelt werden können. Auch bei jungen Kindern (Vorschulalter), bei mehrfach traumatisierten Kindern sowie bei psychisch traumatisierten Kindern, die keinen bewussten Zugang zum Trauma haben (dissoziative Amnesie), soll die Einleitung einer Spieltherapie in Betracht gezogen werden. Das Vorhandensein einer dissoziativen Amnesie tritt gehäuft bei frühen und wiederholten Traumatisierungen auf.

Im Rahmen spieltherapeutischer Behandlung erfolgt über eine oft längere Zeit eine durch das Kind selbst dosierte, vorsichtige Konfrontation mit den traumatischen Inhalten. Die Konfrontation erfolgt hierbei häufig nicht direkt, sondern in symbolischer Weise, was die Auseinandersetzung und Bearbeitung erleichtern kann.

Die Durchführung von Spieltherapien birgt allerdings trotz ihrer Vorteile auch Gefahren, die es zu beachten gilt. So muss darauf hingewiesen werden, dass die zwar spontane, aber bei einigen Kindern zwanghafte, spielerische Wiederinszenierung des Traumas (sog. traumatisches Spiel) keine kathartische Wirkung im Sinne der Psychoanalyse hat, sondern den Leidensdruck erhöhen und sogar zu einer sekundären Traumatisierung bzw. zur Aufrechterhaltung posttraumatischer Symptome beitragen kann (Terr, 1988, 1990). Es ist deshalb nötig, dass der Spieltherapeut in solchen Situationen ins Spiel eingreift und dem Kind hilft, die Kontrolle wieder zu erlangen (Schaefer, 1994).

9.3.3 Hypnotherapie

Hypnose wird seit dem 19. Jahrhundert und den Arbeiten von Charcot und Janet als nachgewiesenermaßen wirksame Technik zur Traumatherapie eingesetzt. Durch die Hypnose wird die Entspannung vertieft und insbesondere der Zugang zu dissoziierten traumatischen Inhalten erleichtert, was eine Elaboration und Neuordnung des Trauma-Gedächtnisses ermöglicht. Zudem kann die Hypnose auch zur imaginativen Traumaexposition eingesetzt und mit verhaltenstherapeutischen Desensibilisierungstechniken kombiniert werden.

Im Kindesalter kann die Hypnotherapie bei der Behandlung einer großen Zahl von Störungen zum Einsatz kommen. Es gibt inzwischen eine Fülle von Beschreibungen insbesondere zu Anwendungsgebieten im Bereich der Schmerzkontrolle und in der Behandlung psychosomatischer Störungen und Verhaltensauffälligkeiten (Mrochen & Bierbaum, 1993). Berichte über den Einsatz der Hypnotherapie bei traumatisierten Kindern sind selten und stammen hauptsächlich aus dem angelsächsischen Raum (Friedrich, 1991; Rhue & Lynn, 1991, 1993). Auch wenn randomisierte Kontrollstudien zur Wirksamkeit hypnotherapeutischer Interventionen bei Kindern und Jugendlichen mit posttraumatischen Belastungsstörungen bis heute fehlen, gibt es doch eine Reihe von hypnotherapeutischen Techniken, die bei traumatisierten Kindern sinnvoll eingesetzt werden können (vgl. Kasten 15). Sie dienen einerseits der Selbststabilisierung und Aktivierung vorhandener Ressourcen und andererseits der eigentlichen Traumabearbeitung.

Kasten 15: Hypnotherapeutische Techniken zur Anwendung in der Traumatherapie

- Imagination eines sicheren Ortes
- Therapeutische Geschichten, Metaphern und Rituale
- Teilearbeit
- Imaginative Traumaexposition

Besonders hilfreich bei der Angstbewältigung im Zusammenhang mit intrusiven Traumaerinnerungen ist der gedankliche Rückzug des Kindes an einen *sicheren Ort,* der im Rahmen der Therapie eingeübt werden kann. Das Kind lernt durch Selbsthypnose beim Auftauchen von Angstsymptomen oder unangenehmen Erinnerungen an einen sicheren

Ort zu gehen oder sich in eine Schutzschicht zu hüllen (Signer-Fischer, 1993). Durch die Induktion bzw. Suggestion, an einen vertrauten Ort zu gehen, an dem sich das Kind geborgen und sicher weiß, werden die kindlichen Ressourcen in vielfältiger Art und Weise mobilisiert (Mrochen & Bierbaum, 1993). An diesem Ort ist das Kind nicht nur sicher, es kann auch mit den eigenen Ressourcen in Kontakt treten, die es braucht, um seine Probleme zu bewältigen.

Die Konstruktion *therapeutischer Geschichten und Metaphern* ist die im Kindes- und Jugendalter wohl am häufigsten eingesetzte hypnotherapeutische Technik (Mrochen & Bierbaum, 1993; Rhue & Lynn, 1991, 1993). Hierbei werden Standardgeschichten (z. B. Märchen, Bilderbücher) oder durch den Therapeuten in Abhängigkeit der Situation des traumatisierten Kindes konstruierte Geschichten verwendet, welche in metaphorischer Form Lösungen aufzeigen und dem Kind ermöglichen, mit seinem Ressourcen in Kontakt zu kommen. Mrochen und Bierbaum (1993) empfehlen, therapeutische Geschichten bezogen auf die individuellen Erfahrungsbereiche des Kindes zu konstruieren. Das Kind soll nach Vorlieben wie Helden, Essen, Farben, Tiere usw. befragt werden. Auf Grund dieser Informationen kann dann eine individuelle auf das Kind und seine Problematik zugeschnittene Geschichte entwickelt werden. Therapeutische Geschichten und Metaphern können auch mit Ritualen oder magischen Materialien (Zaubersteine, Zaubersaft, Photos, usw.) kombiniert werden, die dem Kind das Gefühl der Kontrolle vermitteln können (Signer-Fischer, 1993). Gerade bei Kindern im Vorschulalter, deren Denken noch stark durch magische Vorstellungen geprägt ist, können solche Interventionen sehr wirksam sein.

Eine weitere hypnotherapeutische Technik, deren Einsatz sich auch in der Behandlung traumatisierter Kinder empfiehlt, ist die sogenannte *Teilearbeit* (Mrochen & Bierbaum, 1993). Die Grundidee dabei ist, dass sich die Einheit eines Individuums aus der Integration vielfältiger Persönlichkeits- und Erfahrungsanteile ergibt. Solche dem Kind bewussten und unbewussten Teile werden im Rahmen der Therapie identifiziert und nach ihrem Sinn und ihren Aufgaben differenziert. Ein hierfür ausgezeichnet geeignetes Medium ist die Puppe in Verbindung mit den internalen Imaginationskräften des Kindes. Mit Hilfe der Puppen werden die verschiedenen Teile externalisiert und so einer Bearbeitung zugänglich. Ziel ist die Auseinandersetzung mit abgespaltenen Anteilen und deren Integration in die Persönlichkeit. Gerade im Zusammenhang mit der Bearbeitung von traumatischen Erinnerungen und Kognitionen kann sich die Arbeit mit Teilen als nützlich erweisen.

Die *imaginative Traumaexposition* stellt eine weitere hypnotherapeutische Technik dar, welche auch im Kindes- und Jugendalter verwendet werden kann. Dabei werden im Rahmen eines Trance-Zustandes direkt oder indirekt (Fernsehbildschirm, Kinoleinwand) einzelne traumatische Szenen oder das ganze traumatische Geschehen im kontrollierten Rahmen der Therapie imaginiert und bearbeitet. Die imaginative Traumaexposition kann mit verhaltenstherapeutischen Desensibilisierungstechniken kombiniert werden und so insbesondere beim Vorherrschen von Angstsymptomen hilfreich sein. Wie bei allen Expositionsverfahren ist allerdings auch hier große Vorsicht am Platz, da im Rahmen der Exposition dissoziative Zustände hervorgerufen werden können, bei welchen die Gefahr einer sekundären Traumatisierung besteht.

9.3.4 EMDR

EMDR (Eye Movement Desensitization and Reprocessing) ist eine von Francine Shapiro in Palo Alto entwickelte Methode der Traumatherapie (Shapiro, 1995, 1998, 2002), die sich zunehmender Verbreitung erfreut. Zunächst durch Zufall und später durch systematische Forschung entdeckte Shapiro in den 1980er Jahren die Wirkungen von sakkadischen Augenbewegungen auf belastende Erinnerungen. Durch bilaterale Stimulation über rhythmisch wechselnde sakkadische Augenbewegungen wird ein hirnphysiologisch noch nicht verstandener Verarbeitungsprozess in Gang gesetzt, der zur Behandlung posttraumatischer Störungen eingesetzt werden kann. In den Folgejahren gründete Shapiro das EMDR-Institut und entwickelte eine standardisierte Methode, die sie auf Grund gewisser Ähnlichkeiten mit bekannten verhaltenstherapeutischen Desensibilisierungstechniken zunächst EMD (Eye Movement Desensitization – Augenbewegungs-Desensibilisierung) nannte. Um zu überprüfen, ob sich EMD auch unter kontrollierten Bedingungen als erfolgreich erweisen würde, führte Shapiro 1989 die erste Effektivitätsstudie bei 22 Opfern von Vergewaltigungen, sexuellem Missbrauch und bei Vietnam-Veteranen durch (Shapiro, 1989). Ihre neue Methode konnte bei allen Patienten nach nur einer Sitzung die teilweise schon sehr lange bestehenden Symptome erfolgreich behandeln.

Im Rahmen der Weiterentwicklung der Methode wurde Shapiro in den folgenden Jahren zunehmend klar, dass zu einem optimalen Behandlungsverlauf neben der Desensibilisierung auch die kognitive Restrukturierung sowohl der Erinnerung als auch der persönlichen Bewertung gehörte. Die Therapiemethode wurde aus diesem Grunde um kognitive Elemente erweitert und in der Folge EMDR genannt. 1995 erschien Shapiros Buch „Eye Movement Desensitization and Reprocessing: Basic principles, protocols and procedures" (Shapiro, 1995), in welchem das hochstandardisierte Behandlungsprotokoll vorgestellt wird. Seither gewann die EMDR-Therapiemethode im Bereich der Traumatherapie enorm an Bedeutung.

Kasten 16: Phasen der EMDR-Therapie (Shapiro, 1998)

1. Anamnese und Behandlungsplanung
2. Stabilisierung und Vorbereitung
3. Bewertung des Traumas
4. Desensibilisierung (Reprozessierung)
5. Verankerung der positiven Kognition
6. Überprüfung der Körperempfindungen
7. Abschluss
8. Nachbefragung

Kasten 16 zeigt die acht Phasen einer EMDR-Therapie. Da die Methode nur bei Patienten mit genügender physischer und psychischer Stabilität angewendet werden sollte, wird zunächst eine genaue Anamnese erhoben und zusammen mit dem Klienten ein Behandlungsplan entwickelt, der einen möglichst fokussierten Ablauf der EMDR-Therapie ermöglicht. In der zweiten Phase der EMDR-Behandlung werden die nötigen somatisch, psychologisch und sozial stabilisierenden Maßnahmen getroffen, um den Klienten in den späteren Phasen mit dem Trauma erneut konfrontieren zu können ohne eine extreme Belastung oder klinische Dekompensation zu provozieren. Mit der dritten Phase und der Formulierung einer traumabezogenen negativen Kognition sowie der Erarbeitung einer positiven Kognition, die ausdrückt, wie der Patient heute gerne über sich denken würde, beginnt anschließend die eigentliche traumazentrierte Therapie. In der vierten Phase, der sog. Desensibilisierungsphase, wird die traumatische Erinnerung mittels Augenbewegungen bearbeitet. Die folgende Verankerung der positiven Kognition (Phase 5) und die Überprüfung der Körperempfindungen (Phase 6) sind weitere wichtige Bestandteile der Therapie. Zum Abschluss jeder Sitzung muss der Klient in einen Zustand emotionalen Gleichgewichts zurückkehren, auch wenn die Verarbeitung der traumatischen Erinnerung nicht beendet werden konnte. Dies geschieht mit Hilfe verhaltenstherapeutischer Techniken, wie beispielsweise Entspannungsverfahren (Phase 7). Zu Beginn der folgenden Sitzung wird die Belastung des Patienten sowie die Stimmigkeit der positiven Kognition überprüft (Phase 8). Zwischenzeitliche Veränderungen von Symptomen, Gefühlen und kognitiven Prozessen können als Ausgangspunkt für die weitere Verarbeitung genommen werden. Die Therapie ist dann beendet, wenn das bearbeitete traumatische Erlebnis als neutral eingeschätzt wird.

Mittlerweile sind weltweit mehrere zehntausend Therapeutinnen und Therapeuten in der Anwendung von EMDR ausgebildet worden und es liegen heute bei Erwachsenen mehr randomisiert kontrollierte Effektivitätsstudien zu dieser Methode vor, als über jede andere Methode zur Behandlung posttraumatischer psychischer Störungen. Es hat sich dabei gezeigt, dass EMDR in der Behandlung wirksam ist, jedoch anderen Expositionstechniken nicht überlegen ist (Davidson & Parker, 2001). Es ist zudem heute klar, dass die das EMDR charakterisierenden Augenbewegungen nicht spezifisch zum Therapieerfolg beitragen.

Obwohl die EMDR-Methode ursprünglich für Erwachsene entwickelt wurde, gibt es schon seit längerem Berichte über deren Anwendung bei Kindern (Greenwald, 2001). Allerdings sind nur wenige Informationen verfügbar, wie man EMDR bei Kindern konkret anwendet und die Leitlinien und Protokolle sind weniger klar als im Erwachsenenalter (Greenwald, 2001). Es gibt zum heutigen Zeitpunkt mehrere Fallstudien über EMDR-Behandlungen bei Kindern, kontrollierte Effektivitätsstudien fehlen allerdings noch weitgehend. Hinweise, dass EMDR auch bei Kindern effizient eingesetzt werden kann und eventuell sogar noch schneller und besser wirkt als bei erwachsenen Klienten (Greenwald, 2001), müssen deshalb zum jetzigen Zeitpunkt noch mit Vorsicht interpretiert werden. Allerdings gibt eine kürzlich erschienene, amerikanische Studie bei 32 Kindern mit posttraumatischen Belastungsstörungen Anlass zur Zuversicht (Chemtob, Nakashima & Carlson, 2002). Die Autoren konnten nachweisen, dass mit drei EMDR-Sitzungen die posttraumatische Symptomatik bei den untersuchten Kindern signifikant reduziert werden konnte.

9.4 Familientherapeutische Verfahren

Die Familie ist im Zusammenhang mit der Traumatisierung eines Kindes in doppelter Hinsicht von Bedeutung:

1. Die Traumatisierung eines Kindes hat fast immer auch Auswirkungen auf die übrigen Familienmitglieder (Miller, 1999). Hierbei kann es sich beispielsweise um Interaktionsstörungen, Kommunikationsprobleme, Schuldgefühle einzelner Familienmitglieder oder um die durch das Trauma mitbeinflusste Verhinderung oder Erschwerung von Ablösungsprozessen handeln. Geschwister haben bei länger dauernden posttraumatischen Auffälligkeiten oft Mühe mit der zentralen Stellung des traumatisierten Kindes innerhalb der Familie und reagieren ihrerseits mit Verhaltensauffälligkeiten. Auch die Eltern können bei andauernden Symptomen ihres traumatisierten Kindes psychisch belastet werden und ebenfalls mit Symptomen reagieren.
2. Neben den Auswirkungen der kindlichen posttraumatischen Belastungsstörung auf die einzelnen Familienmitglieder, sind familienpsychologische Prozesse auch in umgekehrter Richtung von Bedeutung. Wie bereits in Kapitel 6 ausgeführt, spielen familiäre Wirkfaktoren eine bedeutende Rolle in der Traumabewältigung (De Vries et al., 1999; Green et al., 1991; McFarlane, 1987; Pelcovitz et al., 1998; Yule, 1992b). Das Verhalten und Befinden der einzelnen Familienmitglieder sowie die Funktionalität der Familie als Ganzes, sind deshalb von großer Bedeutung im Zusammenhang mit der Behandlung einer posttraumatischer Belastungsstörung eines Kindes.

Die Grundlagen der Familientherapie nach einem Trauma gehen zurück auf die Arbeiten von Allen und Bloom (1994) und Figley (1988, 1990). Familientherapeutische Behandlungsansätze müssen die oben erwähnten zwei Gesichtspunkte berücksichtigen. Einerseits soll mit Hilfe familientherapeutischer Interventionen die psychische Gesundheit der nicht-traumatisierten Familienmitglieder und die Funktionalität des Familiensystems sichergestellt werden und andererseits soll der Familie geholfen werden, dem Kind ein optimales Umfeld zur Traumabewältigung zur Verfügung zu stellen. Die unmittelbare Funktion der Familie liegt in der Unterstützung des traumatisierten Kindes nach einem Trauma. Im Schoße seiner Familie soll es wieder Sicherheit gewinnen und mit seinen Ängsten ernst genommen werden. Viele Eltern und auch die nicht betroffenen Geschwister sind nach einem Trauma verunsichert und wissen nicht, wie sie mit dem Kind umgehen und wie sie auf seine Symptome reagieren sollen. Familientherapeutische Interventionen psychoedukativer Art sind in diesem Zusammenhang von großer Bedeutung: Eltern und Geschwister müssen ebenso wie das betroffene Kind über die Ätiopathogenese, den Verlauf, die Behandlung und die Prognose der posttraumatischen Belastungsstörung informiert werden. Es sollten Schuldgefühle und falsche Kausalannahmen thematisiert und korrigiert werden sowie Ratschläge zur Traumabewältigung und Erhöhung der familiären Kommunikations- und Problemlösekompetenzen gegeben werden. Dadurch kann in der Regel innerhalb der Familie eine Entpathologisierung des Verhaltens des traumatisierten Kindes erreicht werden. Die Reaktionen des auffälligen Kindes werden im Kontext des traumatischen Ereignisses als normal interpretiert. Im Fokus familientherapeutischer Bemühungen steht stets auch die Aktivierung familiärer Ressourcen, die der Traumabewältigung dienlich sind.

Die Familientherapie nach einem Trauma unterscheidet sich insofern von der herkömmlichen Familientherapie, dass posttraumatische Belastungsstörungen im Gegensatz zu anderen psychischen Störungen des Kindes- und Jugendalters häufig nicht mit einer Familienpathologie einhergehen. Allerdings besteht bei chronischen Verläufen posttraumatischer Belastungsstörungen die Möglichkeit der Weitergabe über Generationen hinweg (Harkness, 1993; Sack, Clarke & Seeley, 1995).

Der Einbezug der Familie in die Traumatherapie geschieht in der Praxis oft parallel zu einer einzeltherapeutischen Behandlung des Kindes oder des Jugendlichen. Im Gegensatz zu anderen psychischen Störungen kann die Familientherapie bei posttraumatischen Belastungsstörungen in der Regel eine Einzeltherapie nicht ersetzen. Ausnahmen bilden leichte Störungen, ein sehr junges Alter der Patienten sowie eine besonders ressourcenreiche und kompetente Familie. In solchen Fällen kann die Behandlung einer posttraumatischen Belastungsstörung manchmal alleine durch einen familientherapeutischen Behandlungsansatz erfolgen. Allerdings fehlen in diesem Zusammenhang empirische Befunde.

Eine besondere Situation liegt dann vor, wenn mehr als ein Familienmitglied – beispielsweise im Rahmen eines Autounfalles – traumatisiert worden ist. Über die Durchführung familientherapeutischer Interventionen muss in diesen Fällen individuell entschieden werden. Bei gleichzeitiger Traumatisierung mehrerer Familienmitglieder ist der Einbezug der ganzen Familie zwar nahe liegend. Es muss allerdings darauf geachtet, dass das individuelle Erleben des Traumas durch die einzelnen Familienmitglieder nicht in den Hintergrund gerät und dass es zu keiner Symptomansteckung und damit zu einer sekundären Traumatisierung einzelner Familienmitglieder kommt (Pfefferbaum & Pfefferbaum, 1998). Oft nehmen Kinder und Erwachsene nämlich unterschiedliche traumabezogene Bewertungen vor. Es kann für Kinder sehr bedrohlich wirken, wenn sie im Rahmen eines Familiengespräches plötzlich realisieren, wie stark ihre Eltern durch das Trauma erschüttert sind, nachdem sie selbst das Trauma verhältnismäßig gut bewältigt haben. Auf Grund dieser Überlegungen soll die Indikation zu einer Familientherapie mit großer Sorgfalt gestellt werden, wenn mehrere Familienmitglieder traumatisiert sind. Auf Grund der Individualität des Traumaerlebens und der Traumabewältigung und auf Grund der Unterschiede zwischen Kind und Erwachsenem kann nicht davon ausgegangen werden, dass alle Familienmitglieder – auch wenn sie dasselbe Trauma erlebt haben – ähnlich betroffen sind.

Ein besonderer Fall liegt auch dann vor, wenn die Traumatisierung des Kindes durch ein anderes Familienmitglied erfolgt ist, beispielsweise im Rahmen einer intrafamiliären Kindesmisshandlung. In solchen Situationen müssen spezifische Interventionskonzepte durchgeführt werden. Oberste Leitlinie ist dabei stets der Schutz des Kindes vor weiteren Misshandlungen. Inwieweit familientherapeutische Bemühungen zur Versöhnung von Täter und Opfer sinnvoll sind, ist höchst umstritten.

Naturgemäß ist die Traumabewältigung des Kindes auch bei einer vorbestehend dysfunktionalen Familie erschwert. In solchen Fällen ist die Durchführung einer traditionellen systemischen Familientherapie häufig Voraussetzung für eine anschließend oder parallel zu erfolgende, erfolgreiche Traumatherapie.

9.5 Gruppentherapeutische Verfahren

Unter Gruppentherapie versteht man die Behandlung eines Patienten in Gegenwart anderer und im Zusammenwirken mit ihnen. Gruppentherapeutische Verfahren können bei ungefähr gleichaltrigen Kindern und Jugendlichen, die vom selben Trauma betroffen sind, eine sinnvolle und wirksame Alternative zur Einzeltherapie sein. Erfahrungen in der Gruppe ermöglichen nicht nur eine Überwindung der Isolation und der Stigmatisierung, sondern auch eine gegenseitige Unterstützung und das Entwickeln gemeinsamer und individueller Bewältigungsstrategien.

Im Rahmen von Gruppentherapien können vielfältige, aus der Einzeltherapie bekannte und bewährte, therapeutische Techniken eingesetzt werden. Im Vordergrund steht aber auch hier zunächst die psychische Stabilisierung der Teilnehmer. Mit ressourcenorientierter Arbeit soll deshalb in einer ersten Phase der Gruppentherapie die Vertrauensbildung und die Stärkung des Selbstvertrauens gefördert werden, damit in der zweiten Phase die traumatischen Erfahrungen ausgedrückt und therapeutisch bearbeitet werden können (Wintsch, 2000). Im Zusammenhang mit der Traumabearbeitung werden häufig die aus der kognitiv-behavioralen Therapie bekannte Therapietechniken der Entspannung, der systematischen Exposition, des Coping-Trainings, der kognitiven Umstrukturierung sowie der Rückfallprophylaxe verwendet (March, Amaya-Jackson, Murray & Schulte, 1998). Bewährt hat sich im Gruppensetting auch die Verwendung non-verbaler, kreativer Methoden wie Zeichnungen, Spiel und Phantasiereisen (Wintsch, 2000). So können beispielsweise traumatisierte Kinder mit Hilfe von Zeichnungen, die sie verfassen, ihre Erlebnisse der Gruppe oft einfacher mitteilen, als wenn sie diese einfach erzählen müssten. Bei der Traumabearbeitung in der Gruppe muss darauf geachtet werden, dass es zu keiner Überflutung des Einzelnen und sekundärer Traumatisierung individueller Gruppenmitglieder kommt.

In der Fachliteratur gibt es Berichte über erfolgreiche gruppentherapeutische Interventionen bei jugendlichen Opfern sexueller Übergriffe (DeLuca, Boyes, Grayston & Romano, 1995; deYoung & Corbin, 1994; Johns, 1993), familiärer Gewalt (Wager & Rodway, 1995) und von Kriegstraumata (Wintsch, 2000). Allerdings sind gruppentherapeutische Interventionen bis heute erst vereinzelt auf ihre Wirksamkeit überprüft worden. Carbonell und Parteleno-Baremi (1999) fanden bei traumatisierten Mädchen, die an Psychodrama-Gruppen teilnahmen, eine signifikante Verminderung selbst berichteter posttraumatischer Symptome im Vergleich zu einer unbehandelten Kontrollgruppe. March et al. (1998) konnten in ihrer Studie den Nutzen einer kognitiv-behavioralen Gruppentherapie über 18 Sitzung nachweisen. Die Gruppenzusammensetzung war dabei hinsichtlich des erlittenen Traumas sehr heterogen. Die bisher einzige randomisiert kontrollierte Studie stammt von Stein et al. (2003) und zeigt, dass eine kognitiv-behaviorale Gruppentherapie von 10 Sitzungen zu einer signifikanten Reduktion posttraumatischer Symptome führte.

9.6 Pharmakotherapie

Es gibt zum heutigen Zeitpunkt nur wenige Studien zum Einsatz und zur Wirksamkeit von Pharmakotherapie bei posttraumatischen Belastungsstörungen im Kindes- und Jugendalter und randomisierte Kontrollstudien fehlen sogar gänzlich (Donnelly, 2003). Es ist zudem unklar, wieweit Erfahrungen aus der psychopharmakologischen Behandlung von Erwachsenen auf Kinder übertragen werden können. Bei Erwachsenen gibt es Berichte über den Einsatz verschiedenartiger Medikamente zur Behandlung einzelner Symptome der posttraumatischen Belastungsstörung. Tabelle 6 zeigt eine Zusammenstellung der bisher verwendeten pharmakologischen Wirkstoffe und ihre Wirkungsweise. Die Untersuchungen zur Wirksamkeit der Pharmakotherapie bei Erwachsenen

Tabelle 6: Zur Behandlung von Symptomen der posttraumatischen Belastungsstörung bei Erwachsenen eingesetzte Medikamente

Medikamentengruppe	Wirkstoff	Wirkung
Antidepressiva	Imipramin Amytriptilin Mirtazapin Buproprion SR Clomipramin Fluoxetin Fluvoxamin Paroxetin Sertralin Escitalopram Trazodon Nefazadon Buspiron Maprotilin Mianserin Moclobemid	Symptome der PTBS-Cluster B, C und D
Tranquilizer	Alprazolam Clonazepam Lorazepam	Reduktion von Angstsymptomen; Behandlung von Schlafstörungen
Antikonvulsiva	Carbamazepin Valproinsäure Lamotrigin Topamax	Symptome der PTBS-Cluster B, C und D
Antimanika	Lithium	Symptome der Übererregung (Cluster D)
Atypische Neuroleptika	Quetiapin Risperidon Olanzapin	Symptome der PTBS-Cluster B und D
Alpha- und Beta-Blocker	Clonidin Propranolol	Symptome der PTBS-Cluster B, C und D

zeigen, dass Selektive-Serotonin-Wiederaufnahme-Hemmer (SSRI) bei Patienten mit posttraumatischen Belastungsstörungen wirksamer sind als Monoamino-Oxidase-Hemmer, trizyklische Antidepressiva und Benzodiazepine (van Etten & Taylor, 1998).

Für das Kindes- und Jugendalter können zum jetzigen Zeitpunkt keine empirisch fundierten Empfehlungen zur Pharmakotherapie bei posttraumatischen Belastungsstörungen abgegeben werden, auch wenn Seedat, Lockhat, Kaimer, Zungu-Dirwayi und Stein (2001) in einer kleinen klinischen Studie einen positiven Effekt von SSRI's im Jugendalter zeigen konnten und es Berichte über den Nutzen von SSRI's in der Behandlung von kindlichen Ängsten gibt (RUPP Anxiety Study Group, 2001). Insgesamt gilt aber auch hier der Grundsatz, dass Psychopharmaka nicht als alleiniges Mittel, sondern immer in Verbindung mit psychotherapeutischen Maßnahmen angewendet werden sollten.

Trotz mangelnder Evidenz und fehlenden Informationen zu den Langzeitwirkungen werden bei traumatisierten Kindern jedoch sehr häufig Medikamente eingesetzt. Cohen et al. (2001) fanden in einer großen amerikanischen Stichprobe, dass 95 % der ärztlichen Therapeuten bei Kindern mit posttraumatischen Belastungsstörungen eine begleitende Pharmakotherapie durchführen. Am ehesten können Medikamente vorübergehend zur Behandlung von Symptomen der physiologischen Übererregung wie Schlafstörungen nutzbringend eingesetzt werden. Zusätzlich kann eine begleitende pharmakologische Behandlung bei komorbiden depressiven Symptomen und starken Angstsymptomen in Betracht gezogen werden. Eine medikamentöse Therapie kann so die Durchführung einer psychotherapeutischen Behandlung beim Vorliegen posttraumatischer Störungen erleichtern (Donnelly & Amaya-Jackson, 2002). Donelly (2003) weist darauf hin, dass eine Pharmakotherapie auch dann indiziert ist, wenn eine psychotherapeutische Behandlung nicht verfügbar ist oder wenn die posttraumatische Belastungsstörung auf die üblichen psychotherapeutischen Behandlungsverfahren nicht anspricht. Empfohlen wird primär der Einsatz eines selektiven Serotonin-Wiederaufnahme-Hemmers, welcher die Ängste, die Stimmung sowie die intrusiven Symptome positiv beeinflussen kann (Donnelly, 2003; RUPP Anxiety Study Group, 2001). In Frage kommen zudem auch atypische Neuroleptika, deren Einsatz inbesondere bei begleitender dissoziativer Symptomatik und Aggression empfohlen wird (Donnelly, 2003).

9.7 Zusammenfassende Bemerkungen

Auf Grund der gegenwärtig noch ungenügenden Forschungslage zur Wirksamkeit psychotherapeutischer Verfahren in der Behandlung posttraumatischer Belastungsstörungen bei Kindern und Jugendlichen, kann aus evidenzbasierter Sicht zum jetzigen Zeitpunkt lediglich die Anwendung kognitiv-behavioraler Therapieverfahren empfohlen werden. Andere Therapieformen wie beispielsweise hypnotherapeutische, spieltherapeutische oder auch familien- und gruppentherapeutische Verfahren sind bisher im Hinblick auf ihre Wirksamkeit nicht systematisch untersucht worden, auch wenn diverse Berichte und Erfahrungen deren Anwendung durchaus legitimieren.

Die Planung einer Traumatherapie muss auf die individuelle Situation des Kindes oder Jugendlichen Rücksicht nehmen. Das Alter des Kindes, die Art des Traumas, die Art und

Intensität der Symptomatik sowie die Qualität des sozialen Umfeldes (Familie) sind dabei von entscheidender Bedeutung. Je älter ein Kind, je umschriebener die Störung und je funktionaler die Familie, desto eher sollte bei einer Typ-1 Traumatisierung eine kognitiv-behaviorale Therapie oder allenfalls auch eine EMDR-Behandlung durchgeführt werden. Dagegen ist bei jüngeren Kindern, solchen mit undifferenzierter Symptomatik oder mit hohem Angstniveau bei traumaspezifischen Reizen eher die Einleitung einer länger dauernden und nicht allein auf das Trauma zentrierten Behandlung angezeigt (z. B. Spieltherapie). Bei Vorliegen komorbider Störungen und multipler Traumata (Typ-2 Trauma) ist häufig die Kombination verschiedener Therapieverfahren, auch unter Einbezug der Pharmakotherapie, zu empfehlen. Ein Einbezug der Eltern und in besonderen Fällen auch der Geschwister sollte in jedem Fall erfolgen.

10 Positive Auswirkungen von Psychotraumata

Nachdem die negativen, d. h. psychopathologischen Auswirkungen psychotraumatischer Ereignisse lange Zeit im alleinigen Zentrum wissenschaftlicher Untersuchungen standen, werden in jüngster Zeit vermehrt auch positive Auswirkungen von Psychotraumata auf das betroffene Individuum untersucht (Tedeschi, Park & Calhoun, 1998). Dabei wird von der empirisch breit abgestützten Beobachtung ausgegangen, dass ein erheblicher Teil traumatisierter Individuen nach extrem belastenden Ereignissen keine posttraumatischen psychischen Auffälligkeiten entwickelt, d. h. psychisch gesund bleibt. Auch im Volksmund gibt es eine Reihe von Sprichworten, die darauf hindeuten, dass der Mensch in Krisen wachsen kann (z. B.: „Was mich nicht umbringt, macht mich stärker!"; „Nach dem Regen scheint die Sonne."). Auch Krisentheoretiker betonen stets die doppelte Bedeutung des Wortes „Krise" als Synonym für Gefahr aber auch Chance.

Die Forschung zu den positiven Auswirkungen psychotraumatischer Ereignisse hat sich bis heute ausschließlich mit dem Erwachsenenalter befasst, Studien im Kindes- und Jugendalter liegen keine vor. Es hat sich dabei in einer Vielzahl unterschiedlicher Stichproben gezeigt, dass bedrohliche Ereignisse nicht nur mit einem erhöhten Risiko für psychische Störungen einhergehen, sondern betroffenen Personen auch Möglichkeiten und Chancen zur persönlichen Weiterentwicklung und zum inneren Wachstum bieten. Untersucht wurden beispielsweise vergewaltigte Frauen (Burt & Katz, 1987), Überlebende von Krebserkrankungen (Cordova, Cunningham, Carlson & Andrykowski, 2001) und Herzinfarkten (Cordova et al., 2001), Opfer von Naturkatastrophen (Thompson, 1985) und Menschen, die den Holocaust erlebt haben (Kahana, 1992). Viele der untersuchten Traumaopfer berichten von vertieften Beziehungen zu anderen Menschen und einer erhöhten Wertschätzung des Lebens als Folge des Traumas. Mit der Überwindung schwerer Belastungen geht zudem oft ein Gewinn an Selbstsicherheit einher und immer wieder kommt es auch im spirituellen und religiösen Bereich zu Veränderungen, die von den Betroffenen positiv interpretiert werden. Schließlich können psychotraumatische Ereignisse auch dazu führen, dass das bisherige Leben grundsätzlich in Frage gestellt wird und neue Lebensperspektiven entwickelt werden. Kasten 17 gibt einen Überblick über die verschiedenen Bereiche, in denen ein Trauma zu positiven Auswirkungen führen kann.

Kasten 17: Mögliche Bereiche positiver Auswirkungen von Psychotraumata

1. Vertiefte Beziehungen zu Mitmenschen
2. Neue Perspektiven im Leben
3. Persönliche Reifung
4. Spirituelle und religiöse Veränderungen
5. Vertiefte Wertschätzung des Lebens

Vertiefte Beziehungen zu Mitmenschen

Menschen, die ein Trauma erlebt haben, berichten in der Folge oft über qualitativ bessere Beziehungen zu den Familienmitgliedern und anderen Mitmenschen. Dies mag eine Folge dessen sein, dass der traumatisierte Mensch natürlicherweise die Unterstützung seines sozialen Umfeldes sucht und durch die in einer emotional bedeutsamen Lebensphase erfahrenen Hilfe eine vertiefte, von großer Offenheit geprägte Beziehung zu einzelnen Menschen entsteht (Park, Cohen & Murch, 1996; Tedeschi et al., 1998). Die eigene, durch das Trauma bedingte, erhöhte Sensibilität und Offenheit in der Kommunikation gegenüber Anderen, kann es dem traumatisierten Menschen nach erfolgreicher Traumabewältigung einfacher machen, Beziehungen zu Mitmenschen aufzubauen.

Neue Perspektiven im Leben

Menschen, die ein extrem belastendes Ereignis erlebt haben, berichten immer wieder, dass sie in der Folge neue Lebensperspektiven, neue Interessen und Ziele entwickelt haben. Dinge, die früher nicht wichtig waren, wie beispielsweise die Pflege von Beziehungen oder Zeit haben für sich selbst, erhalten plötzlich ein grösseres Gewicht. Menschen gestalten ihr Leben neu und setzen andere Prioritäten als Folge des traumatischen Ereignisses.

Persönliche Reifung

Werden extreme Belastungen und Krisen bewältigt, so kann dies positive Auswirkungen auf die Persönlichkeit des Einzelnen haben. Das Individuum kann an Selbstbewusstsein und Zuversicht, an emotionaler Stärke und Reife gewinnen. Das Wissen um die erfolgreiche Bewältigung einer schwierigen Situation führt dazu, dass der Mensch an Sicherheit gewinnt, auch zukünftige Belastungen bewältigen zu können. Damit einher geht eine Stärkung des Selbstvertrauens.

Spirituelle und religiöse Veränderungen

Individuen, die schwere Belastungen überstanden haben, berichten auch, sie seien durch die damit verbundenen, außergewöhnlichen Erfahrungen in spiritueller und religiöser Hinsicht weitergekommen. Das Trauma kann so eine vertiefte Auseinandersetzung mit spirituellen Themen oder eine verstärkte Religiosität zur Folge haben, welche vom Individuum als positiv bewertet werden.

Vertiefte Wertschätzung des Lebens

Wenn man knapp dem Tod entronnen ist oder in seiner psychischen Integrität massiv bedroht war, so schätzt man das Leben nachher umso mehr. Individuen, die ein Trauma erfolgreich bewältigt haben, erzählen, dass sie viel bewusster leben und jeden Tag genießen würden. Sie haben gelernt Wesentliches von Unwesentlichem zu unterscheiden.

Tedeschi und Calhoun (1996) haben zur Erfassung positiver Auswirkungen psychotraumatischer Ereignisse eine Messinstrument entwickelt. Das *Posttraumatic Growth Inventory* erfasst dabei mit Hilfe von 21 Fragen die oben beschriebenen, fünf Dimensionen der posttraumatischen Reifung (vgl. Kasten 18). Das Messinstrument ist ausreichend validiert und hat sich als reliabel und inhaltlich konsistent erwiesen. Über die Anwendung dieses Fragebogens bei Kindern und Jugendlichen gibt es bisher allerdings keine Berichte.

Überhaupt muss unklar bleiben, wie weit die bei Erwachsenen gefundenen Ergebnisse auch auf das Kindes- und Jugendalter zutreffen. Die klinische Erfahrung zeigt jedoch, dass auch bei Kindern positive Auswirkungen von erfolgreich bewältigten traumatischen Erlebnissen beobachtet werden können. Im Vordergrund stehen dabei die persönliche Reifung und die vertiefte Beziehungen zu Familienmitgliedern und Freunden. Die zukünftige kinderpsychotraumatologische Forschung wird hoffentlich in absehbarer Zeit hierzu mehr Informationen liefern.

Kasten 18: Faktoren und ausgewählte Itembeispiele des *Post Traumatic Growth Inventory* (Itemnummern in Klammern) (Tedeschi & Calhoun, 1996; deutsche Übersetzung von Maercker & Langner, 2001)

I. Neue Möglichkeiten

Ich entwickelte neue Interessen (3).
Möglichkeiten, die es sonst nicht gegeben hätte, sind jetzt für mich verfügbar (14).

II. Beziehungen zu Anderen

Ich weiß jetzt, dass ich in schweren Zeiten auf andere Menschen zählen kann (6).
Ich akzeptiere, dass ich Andere brauche (21).

III. Wertschätzung des Lebens

Ich habe neue Vorstellungen darüber, was im Leben wichtig und vorrangig ist (1).
Ich habe ein neues Gefühl dafür, wie wichtig mir mein Leben ist (2).

IV. Persönliche Stärke

Ich weiß jetzt, dass ich mit Schwierigkeiten umgehen kann (10).
Ich entdeckte, dass ich stärker bin als ich dachte (19).

V. Religiöse Veränderungen

Ich habe jetzt ein größeres Verständnis für religiöse und geistige Dinge (5).
Ich habe einen stärkeren religiösen oder spirituellen Glauben (18).

11 Schlussbemerkungen und Ausblick

Es ist heute unbestritten, dass auch Kinder und Jugendliche mit psychischen Störungen auf Typ I und Typ II Traumatisierungen reagieren können und dass diese Störungen strukturell jenen der Erwachsenen ähnlich sind. Fast ein Viertel aller Jugendlichen in Deutschland hat schon ein Ereignis erlebt, welches die Kriterien für ein Psychotrauma erfüllt (Essau et al., 1999). Die epidemiologische Forschung hat aufgezeigt, dass posttraumatische Belastungsstörungen im Kindes- und Jugendalter mit zu den häufigsten Störungen gehören. Damit ist deutlich geworden, dass das psychotraumatologische Krankheitsmodell in der klinischen Kinderpsychologie und Kinderpsychiatrie von großer Bedeutung ist und in vielen Bereichen angewendet werden kann und sollte. Als Beispiele seien aufgeführt: Körperliche und sexuelle Gewalt, Naturkatastrophen, Krieg, Unfälle und lebensbedrohliche Krankheiten.

Kenntnisse der modernen Kinderpsychotraumatologie, wie sie in den letzten zehn Jahren entwickelt worden ist, sind für Kinderpsychotherapeuten von fundamentaler Bedeutung. Ein Traumaverarbeitungsmodell, wie es in diesem Buch vorgestellt wurde, ermöglicht beispielsweise nicht nur ein Verständnis der Entstehung posttraumatischer Störungen, sondern auch eine Planung psychosozialer Interventionen, um diese Auffälligkeiten zu überwinden. Mit der Anwendung posttraumatischer Stressmodelle in der Kinderpsychologie und -psychiatrie geht auch eine Entpathologisierung und Entdogmatisierung einer Reihe von Störungsbildern einher und es wird eine zielgerichtetere Therapie posttraumatischer Störungen möglich.

Trotz einer zunehmenden Zahl kinderpsychotraumatologischer Publikationen besonders im angelsächsischen Sprachraum steckt die entsprechende Forschung noch in den Kinderschuhen. Vieles, was Traumatherapeuten heute tun, entbehrt einer empirisch fundierten Grundlage. In diesem noch jungen Fachgebiet gibt es eine Reihe von offenen Fragen und Problemen. Auf die wichtigsten soll in der Folge hingewiesen werden.

Klassifikation

Die Klassifikation posttraumatischer Störungen, wie sie im ICD-10 oder DSM-IV konzeptualisiert wird, ist als Resultat der bis zum Zeitpunkt der jeweiligen Auflage verfügbaren Forschung zu verstehen. Die Klassifikationssysteme müssen daher mit der Zunahme an Kenntnissen stets überarbeitet werden.

Auch wenn die Validität der posttraumatischen Belastungsstörung im Kindesalter mit der Erwähnung kindspezifischer Symptome im DSM-IV heute weitgehend gesichert ist, so gilt dies keineswegs für das Säuglings- und Kleinkindalter. Es ist zwar unbestritten, dass bereits Säuglinge auf psychische Traumatisierungen reagieren, es ist allerdings noch unklar, ob sie ähnlich wie die älteren Kinder, spezifische posttraumatischen Störungen zeigen oder ob sie viel unspezifischer reagieren. Hinsichtlich der Validierung posttraumatischer Diagnosekategorien im Säuglings- und Kleinkindalter sind zwar in jüngster Zeit vielsprechende Versuche unternommen worden (Scheeringa et al., 2003), trotzdem aber bleiben zum jetzigen Zeitpunkt viele Fragen offen.

Ebenfalls noch ungenügend abgesichert ist die Validität der Diagnose der akuten Belastungsstörung (DSM-IV) bzw. akuten Belastungsreaktion (ICD-10) im Kindesalter. Es gibt zwar Hinweise, dass diese im Erwachsenenalter beschriebenen akuten Störungen auch im Kindesalter in ähnlicher Form vorkommen (Daviss, Racusin et al., 2000; March, 2003). Allerdings fehlen entsprechende Forschungsarbeiten fast vollständig.

Schließlich gibt es aus heutiger Sicht eine Reihe von Störungen, die nach einmaligen und wiederholten psychischen Traumatisierungen auftreten können und noch nicht adäquat in den Klassifikationssystemen berücksichtigt bzw. konzeptualisiert sind. Hierzu gehören beispielsweise – ähnlich wie im Erwachsenenalter – komplexe posttraumatische Belastungsstörungen oder pathologische Trauerreaktionen bei Kindern und Jugendlichen.

Diagnostik

Der Stand der Diagnostik posttraumatischer Störungen hängt naturgemäß eng mit der klassifikatorischen Konzeptualisierung dieser Störungen zusammen. Es gibt im angelsächsischen Raum ein breites Spektrum von Fragebögen, Diagnosechecklisten und strukturierten Interviews, mit deren Hilfe entweder kategoriale Diagnosen gestellt oder auf dimensionaler Ebene der Schweregrad posttraumatischer Symptome erfasst werden können. Die entsprechenden Instrumente lehnen sich dabei fast ausschließlich an die definitorischen Kriterien des DSM-IV an. Einige dieser Instrumente sind hinsichtlich ihrer teststatistischen Gütekriterien ausreichend überprüft. Bedauerlicherweise ist die Situation im deutschsprachigen Raum bedeutend unerfreulicher, da hier kaum diagnostische Instrumente zur Verfügung stehen, die spezifisch die posttraumatische Symptomatik erfassen können. Es ist deshalb zu vermuten, dass beispielsweise die posttraumatische Belastungssstörung im klinischen Alltag nach wie vor unterdiagnostiziert ist.

Ein anderer wichtiger Punkt, welcher bei der Diagnostik posttraumatischer Störungen berücksichtigt werden muss, ist die hohe Komorbidität zwischen posttraumatischen Belastungsstörungen und anderen psychischen Störungen. Es ist unbedingt darauf zu achten, dass die klinisch-psychologische Diagnostik nach einem psychischen Trauma genügend breit abgestützt ist und nicht nur auf die Symptome der posttraumatischen Belastungsstörung fokussiert. Insbesondere Symptome der Angst, Depression und Dissoziation sind zu berücksichtigen. Die Entwicklung entsprechender deutscher Diagnoseinstrumente für das Kindesalter ist allerdings auch hier teilweise noch ungenügend.

Pathogenese

Im Gegensatz zur Psychotraumatologie des Erwachsenenalters ist die Theoriebildung zur Entstehung posttraumatischer psychischer Störungen im Kindesalter noch wenig entwickelt. Die Tatsache, dass die Mehrzahl der Kinder nach einem Trauma psychisch gesund bleibt, zeigt deutlich, dass die Präsenz des Traumas alleine nicht ausschlaggebend dafür ist, ob ein Kind eine posttraumatische psychische Störung entwickelt oder nicht. Es gibt eine Vielzahl weiterer Faktoren, die in diesem Zusammenhang eine bedeutende Rolle spielen und protektiv oder pathogenetisch wirken können. In Bezug auf das Kindesalter fehlen zum heutigen Zeitpunkt jedoch sowohl ein empirischer Überblick über die Determinanten posttraumatischer psychischer Reaktionen als auch die Entwicklung von spezifischen Modellen der Traumaadaptation. Die Entwicklung solcher theoretischer, empirisch zu verifizierenden Modelle bzw. die Überprüfung von pathogenetischen Konzepten aus dem Erwachsenenalter wäre von hoher Wichtigkeit sowohl zur Förderung einer mehr theoriegeleiteten Forschung als auch zur Entwicklung adäquater Präventions- und Interventionskonzepte.

Was beispielsweise in der Kinderpsychotraumatologie bis heute weitgehend unterlassen worden ist, ist die Integration von traumabezogenen Kognitionen und Copingprozessen in ein theoretisches Modell. Das in diesem Buch präsentierte transaktionale Belastungsbewältigungsmodell versucht dies zu korrigieren, indem postuliert wird, dass das psychosoziale Befinden eines traumatisierten Kindes durch Merkmale des Traumas, des Kindes und des sozialen Umfeldes bestimmt wird, deren Wirkungen zum Teil durch Bewertungs- und Copingsprozesse vermittelt und modifiziert werden.

Auch wenn die verfügbaren empirischen Befunde zur Entstehung posttraumatischer Störungen weitgehend in ein solches Modell integriert werden können, steht eine empirische Verifizierung noch aus.

Biologie

Eine systematische neurobiologische Forschung im Bereich der Kinderpsychotraumatologie ist zum heutigen Zeitpunkt noch kaum vorhanden. Dies ist umso erstaunlicher, als die Befunde bei traumatisierten Erwachsenen teilweise dramatische neurobiologische Dysregulationen zeigen und sich praktisch alle Autoren einig sind, dass der kindliche Organismus besonders vulnerabel in Bezug auf chronischen Stress ist (Bremner, 2003; Nelson & Carver, 1998; Pine, 2003; van der Kolk, 1998). Neurobiologische Befunde könnten zukünftig nicht nur wichtige Hinweise zur Pathogenese, sondern auch zur Behandlung posttraumatischer Störungen liefern. Eine Intensivierung entsprechender Forschungsaktivitäten im Kindesalter ist deshalb in den nächsten Jahren von großer Wichtigkeit. Damit wird auch die Gefahr vermindert, dass Befunde aus dem Erwachsenenalter einfach auf das Kindesalter extrapoliert werden.

Notfallpsychologische Interventionen

Die Entwicklung und Evaluation sekundär präventiver Interventionskonzepte im Kindesalter steckt noch in den Kinderschuhen. So ist zunächst einmal eine gewisse begriffliche Konfusion festzustellen, die so weit geht, dass unklar ist, in welchem Zeitraum nach einem Trauma Interventionen überhaupt als sekundär präventiv gelten. Es stellt sich beispielsweise die Frage, ob Interventionen, die mehrere Wochen nach einem Trauma stattfinden, noch die Etikette „notfallpsychologisch" tragen sollen. Weiter gibt es zum heutigen Zeitpunkt keine strukturierten, auf das Kindesalter zugeschnittenen Interventionskonzepte für die erste Zeit nach einem Trauma. Es gibt zwar verschiedene Versuche, das für eine erwachsene Klientel entwickelte *Critical Incident Stress Debriefing* (Mitchell & Everly,

1998) für das Kindesalter zu adaptieren. Entsprechende Studien sind jedoch bis heute methodisch ungenügend, sodass – analog zur Befundlage im Erwachsenenalter – festgestellt werden muss, dass zum jetzigen Zeitpunkt unklar ist, welche notfallpsychologischen Interventionen zu welchem Zeitpunkt nach einem Trauma bei welchen Kindern und Jugendlichen sekundär präventiv wirksam sind (Stallard & Salter, in press). Die Anstrengungen zukünftiger Forschungsarbeiten müssen deshalb auf der Entwicklung evidenzbasierter und gleichzeitig praktikabler notfallpsychologischer Interventionskonzepte liegen. Von besonderer Wichtigkeit ist dabei die Berücksichtigung entwicklungs- und familienpsychologischer Besonderheiten, damit nicht eine kritiklose Übernahme von Interventionsmodellen aus dem Erwachsenenalter erfolgt.

Therapie

Im Gegensatz zum Bereich der sekundären Prävention ist die Entwicklung von Behandlungsmodellen posttraumatischer psychischer Störungen im Kindes- und Jugendalter etwas weiter fortgeschritten. Auch wenn die entsprechende Therapieforschung noch in den Anfängen ist, so gibt es doch eine Reihe von Studien, die die Wirksamkeit psychotherapeutischer Interventionen in der Behandlung posttraumatischer Belastungsstörungen zeigen. Am besten untersucht sind zum jetzigen Zeitpunkt kognitiv-behaviorale Behandlungsansätze, die aus evidenzbasierter Sicht die zur Behandlung posttraumatischer Störungen am besten geeigneten psychotherapeutischen Verfahren darstellen. Andere Therapieformen wie beispielsweise hypnotherapeutische, spieltherapeutische oder auch familien- und gruppentherapeutische Verfahren und EMDR sind bisher noch nicht systematisch evaluiert worden, auch wenn klinische Berichte und Erfahrungen ihren Einsatz durchaus legitimieren. Es ist zu hoffen, dass die Psychotherapieforschung im Bereich posttraumatischer psychischer Störungen im Kindes- und Jugendalter zukünftig intensiviert wird und vermehrt traumaspezifische Behandlungsverfahren entwickelt und auf ihre Wirksamkeit überprüft werden. Die bis heute noch nicht auf ihre Effizienz untersuchten Verfahren sollten systematisch evaluiert werden, damit die Traumatherapie in Zukunft vermehrt evidenzbasiert erfolgen kann.

Literatur

Aaron, J., Zaglul, H. & Emery, R. E. (1999). Posttraumatic stress in children following acute physical injury. *Journal of Pediatric Psychology, 24*, 335–343.

Achenbach, T. M. (1991). *Integrative guide for the 1991 CBCL/4-18, YSR, and TRF profiles.* Burlington: University of Vermont, Department of Psychiatry.

Ackerman, P. T., Newton, J. E. O., McPherson, W. B., Jones, J. G. & Dykman, R. A. (1998). Prevalence of post traumatic stress disorder and other psychiatric diagnosis in three groups of abused children (sexual, physical, and both). *Child Abuse and Neglect, 22*, 759–774.

Adler, A. (1943). Neuropsychiatric complications in victims of the Boston's Coconut Grove disaster. *Journal of the American Medical Association, 123*, 1098–1101.

Allen, S. N. & Bloom, S. L. (1994). Group and family treatment of post-traumatic stress disorders. *Psychiatric Clinics of North America, 17*, 425–437.

Alter, C. L., Pelcovitz, D. & Axelrod, A. (1996). Identification of PTSD in cancer survivors. *Psychosomatics, 37*, 137–143.

American Academy of Child and Adolescent Psychiatry. (1998). Practice parameters for the assessment and treatment of children and adolescents with posttraumatic stress disorder. *Journal of the American Academy of Child and Adolescent Psychiatry, 37*(10 Suppl.), 4S–26S.

American Psychiatric Association. (1952). *Diagnostic and statistical manual of mental disorders.* Washington, DC: American Psychiatric Association.

American Psychiatric Association. (1968). *Diagnostic and statistical manual of mental disorders, 2nd edition.* Washington, DC: American Psychiatric Association.

American Psychiatric Association. (1980). *Diagnostic and statistical manual of mental disorders, 3rd edition.* Washington, DC: American Psychiatric Association.

American Psychiatric Association. (1987). *Diagnostic and statistical manual of mental disorders, 3rd edition revised.* Washington, DC: American Psychiatric Association.

American Psychiatric Association. (1994). *The diagnostic and statistical manual of mental disorders. Fourth Edition.* Washington, DC: American Psychiatric Association.

Arroyo, W. & Eth, S. (1985). Children traumatized by Central American warfare. In S. Eth & R. S. Pynoos (Eds.), *Posttraumatic stress disorder in children.* Washington, DC: American Psychiatric Press.

Asarnow, J. (1999). When the earth stops shaking: earthquake sequelae among children diagnosed for pre-earthquake psychopathology. *Journal of the American Academy of Child and Adolescent Psychiatry, 38*, 1016–1023.

Ayalon, O. (1993). Posttraumatic stress recovery of terrorist survivors. In J. P. Wilson & B. Raphael (Eds.), *International handbook of traumatic stress syndromes* (pp. 855–866). New York: Plenum Press.

Bailly, L. (1999). *Keynote adress.* Paper presented at the Conference of the European Society for Traumatic Stress Studies, Istanbul.

Barakat, L. P., Kazak, A. E., Meadows, A. T., Casey, R., Meeske, K. & Stuber, M. L. (1997). Families surviving childhood cancer: A comparison of posttraumatic stress symptoms with families of healthy children. *Journal of Pediatric Psychology, 22*, 843–859.

Bloch, D. A., Silber, E. & Perry, S. E. (1956). Some factors in the emotional reactions of children to disaster. *American Journal of Psychiatry, 112*, 416–422.

Bodman, F. (1941). War conditions and the mental health of the child. *British Medical Journal, 11*, 486–488.

Bonne, O., Brandes, D., Gilboa, A., Gomori, J. M., Shenton, M. E., Pitman, R. K., et al. (2001). Longitudinal MRI study of hippocampal volume in trauma survivors with PTSD. *American Journal of Psychiatry, 158*, 1248–1251.

Boscarino, J. A. (1997). Diseases among men 20 years after exposure to severe stress: Implications for clinical research and medical care. *Psychosomatic Medicine, 59*, 605–614.

Bowlby, J. (1976). *Trennung. Psychische Schäden als Folge der Trennung von Mutter und Kind.* München: Kindler.

Bradburn, I. S. (1991). After the earth shook: Children's stress symptoms 6–8 months after a disaster. *Advances in Behavior Research and Therapy, 13*, 173–179.

Bradner, T. (1943). Psychiatric observations among Finnish children during the Russio-Finnish War of 1939–1940. *Nervous Child, 2*, 313–319.

Bremner, J. D. (1999). Does stress damage the brain. *Biological Psychiatry, 45*, 797–805.

Bremner, J. D. (2002). Neuroimaging of childhood trauma. *Seminars in Clinical Neuropsychiatry, 7*, 104–112.

Bremner, J. D. (2003). Long-term effects of childhood abuse on brain and neurobiology. *Child and Adolescent Psychiatric Clinics of North America, 12*, 271–292.

Bremner, J. D., Randall, P. R. & Capelli, S. (1995). Deficits in short-term memory in adult survivors of childhood abuse. *Psychiatric Research, 59*, 97–107.

Breslau, N., Davis, G. C. & Andreski, P. (1991). Traumatic events and post-traumatic stress disorder in an urban population of young adults. *Archives of General Psychiatry, 48*, 216–222.

Brewin, C. R., Andrews, B. & Valentine, J. D. (2000). Meta-Analysis of risk factors for posttraumatic stress disorder in trauma-exposed adults. *Journal of Consulting and Clinical Psychology, 68*, 748–766.

Briere, J. (1996). *Trauma Symptom Checklist for Children (TSCC), Professional Manual.* Odessa: Psychological Assessment Resources.

Briquet, P. (1859). *Traité clinique et thérapeutique de l'hystérie*. Paris: Ballière.

Bromet, E. J. (1995). Methodological issues in designing research on community-wide disasters with special reference to Chernobyl. In S. E. Hobfoll & M. W. de Vries (Eds.), *Extreme stress and communities: impact and intervention* (pp. 267–282). Dordrect: Kluwer Academic Publishers.

Burgess, A. W., Hartmann, C. R., McCausland, M. P. & Powers, P. (1984). Response patterns in children and adolescents exploited through sex rings and pornography. *American Journal of Psychiatry, 141*, 656–662.

Burke, J., Borus, J., Burns, B., Millstein, K. & Beasley, M. (1982). Changes in children's behaviour after a natural disaster. *American Journal of Psychiatry, 139*, 1010–1014.

Burt, M. R. & Katz, B. L. (1987). Dimensions of recovery from rape: focus on growth outcomes. *Journal of Interpersonal Violonce, 2*, 57–81.

Carbonell, D. M. & Perteleno-Barehmi, C. (1999). Psychodrama groups for girls coping with trauma. *International Journal of Group Psychotherapy, 49*, 285–306.

Carey-Trefzer, C. J. (1949). The results of a clinical study of war-damaged children who attended a child guidance clinic. *Journal of Mental Science, 95*, 535–559.

Carrion, V. G., Weems, C. F. & Ray, R. D. (2002). Diurnal salivary cortisol in pediatric posttraumatic stress disorder. *Biological Psychiatry, 51*, 575–582.

Casswell, G. (1997). Learning from the aftermath: the response of mental health workers to a school bus crash. *Clinical Child Psychology and Psychiatry, 2*, 517–523.

Celano, M., Hazzard, A., Webb, C. & McCall, C. (1996). Treatment of traumatogenic beliefs among sexually abused girls and their mothers: an evaluation study. *Journal of Abnormal Child Psychology, 24*, 1–17.

Charcot, J. M. (1887). *Leçons sur les maladies du système nerveux faites à la Salpêtrière*. Paris: Delahaye & Lecrosnie.

Chemtob, C. M. (2000). Delayed debriefing after a disaster. In B. Raphael & J. P. Wilson (Eds.), *Psychological debriefing: theory, practice and evidence*. Cambridge: Cambridge University Press.

Chemtob, C. M., Nakashima, J. P. & Carlson, J. G. (2002). Brief treatment for elementary school children with disaster-related posttraumatic stress disorder: a field study. *Journal of Clinical Psychology, 58*, 99–112.

Chemtob, C. M., Tomas, S., Law, W. & Cremniter, D. (1997). Postdisaster psychological intervention: a field study of the impact of debriefing on psychological distress. *American Journal of Psychiatry, 154*, 415–417.

Cohen, J. A. & Mannarino, A. P. (1996). A treatment outcome study of sexually abused preschool children: initial findings. *Journal of the American Academy of Child and Adolescent Psychiatry, 35*, 1402–1410.

Cohen, J. A. & Mannarino, A. P. (1998). Factors that mediate treatment outcome of sexually abused preschool children: six- and 12 month follow-up. *Journal of the American Academy of Child and Adolescent Psychiatry, 37*, 44–51.

Cohen, J. A., Mannarino, A. P. & Rogal, S. (2001). Treatment practices for childhood posttraumatic stress disorder. *Child Abuse and Neglect, 25*, 123–135.

Cordova, M. J., Cunningham, L. L. C., Carlson, C. R. & Andrykowski, M. A. (2001). Posttraumatic growth following breast cancer: a controlled comparison study. *Health Psychology, 20*, 176–185.

Cornely, P. & Bromet, E. (1986). Prevalence of behavior problems in three-year-old children living near Three Mile Island: a comparative analysis. *Journal of Child Psychology and Psychiatry, 33*, 941–946.

Croq, L. & De Verbizier, J. (1989). Le traumatisme psychologique dans l'oeuvre de Pierre Janet. *Annales Médico-Psychologiques, 147*, 983–987.

Culpin, M. (1930). The need for psychopathology. *Lancet, 2*, 725–726.

DaCosta, J. M. (1871). On irritable heart: a clinical study of a form of functional cardiac disorder and its consequences. *American Journal of Medical Sciences, 61*, 2–53.

Davidson, P. R. & Parker, K. C. (2001). Eye movement desensitization and reprocessing (EMDR): a meta-analysis. *Journal of Consulting and Clinical Psychology, 69*, 305–316.

Daviss, W. B., Mooney, D., Racusin, R., Ford, J. D., Fleischer, A. & McHugo, G. J. (2000). Predicting posttraumatic stress after hospitalization for pediatric injury. *Journal of the American Academy of Child and Adolescent Psychiatry, 39*, 576–583.

Daviss, W. B., Racusin, R., Fleischer, A., Mooney, D., Ford, J. D. & McHugo, G. J. (2000). Acute stress disorder symptomatology during hospitalization for pediatric injury. *Journal of the American Academy of Child and Adolescent Psychiatry, 39*, 569–575.

De Bellis, M. D., Chrousus, G. P., Dorn, L. D., Burke, L., Helmers, K., Kling, M. A., et al. (1994). Hypothalamic-pituitary-adrenal axis dysregulation in sexually abused girls. *Journal of Clinical Endocrinology and Metabolism, 78*, 249–255.

De Bellis, M. D., Keshavan, M. S. & Clark, D. B. (1999). A. E. Bennett Research Award: Developmental traumatology: part II. Brain development. *Biological Psychiatry, 45*, 1271–1284.

De Bellis, M. D., Keshavan, M. S., Frustaci, K., Shifflet, H., Iyengar, S., Beers, S. R., et al. (2002). Superior temporal gyrus volumes in maltreated children and adolescents with PTSD. *Biological Psychiatry, 51*, 544–552.

De Vries, A. P. J., Kassam-Adams, N., Cnaan, A., Sherman-Slate, E., Gallagher, P. R. & Winston, F. K. (1999). Looking beyond the physical injury: Posttraumatic stress disorder in children and parents after pediatric traffic injury. *Pediatrics, 104*, 1293–1299.

Deblinger, E., Lippman, J. & Steer, R. (1996). Sexually abused children suffering posttraumatic stress symptoms: initial treatment outcome findings. *Child Maltreatment, 1*, 310–321.

Deblinger, E., Steer, R. A. & Lippman, J. (1999). Two-year follow-up study of cognitive behavioral therapy for sexually abused children suffering post traumatic stress symptoms. *Child Abuse and Neglect, 23*, 1371–1378.

DeLuca, R. B., Boyes, D., Grayston, A. & Romano, E. (1995). Sexual abuse: effects of group therapy on preadolescent girls. *Child Abuse Review, 4*, 263–277.

deYoung, M. & Corbin, B. A. (1994). Helping early adolescent tell: a guided exercise for trauma focused sexual abuse treatment groups. *Child Welfare, 73*, 141–154.

Di Gallo, A., Barton, J. & Parry-Jones, W. (1997). Road traffic accidents: Early psychological consequences in children and adolescents. *British Journal of Psychiatry, 170*, 358–362.

Dilling, H., Mombour, W. & Schmidt, M. H. (Eds.). (1991). *Internationale Klassifikation psychischer Störungen. ICD 10, Kapitel V (F).* Bern: Huber.

Donnelly, C. L. (2003). Pharmacologic treatment approaches for children and adolescents with posttraumatic stress disorder. *Child and Adolescent Psychiatric Clinics of North America, 12*, 251–269.

Donnelly, C. L. & Amaya-Jackson, L. (2002). Post-traumatic stress disorder in children and adolescents: epidemiology, diagnosis and treatment options. *Paediatric Drugs, 4*, 159–170.

Döpfner, M., Lehmkuhl, G., Petermann, F. & Scheithauer, H. (2002). Diagnostik psychischer Störungen. In F. Petermann (Ed.), *Lehrbuch der Klinischen Kinderpsychologie und -psychotherapie* (5th ed., pp. 96–130). Göttingen: Hogrefe.

Dressing, H. & Berger, M. (1991). Posttraumatische Stresserkrankungen: Zur Entwicklung des gegenwärtigen Krankheitskonzepts. *Der Nervenarzt, 62*, 16–26.

Durkin, M. S., Khan, N., Davidson, L. L., Zaman, S. S. & Stein, Z. A. (1993). The effects of a natural disaster on child behavior: evidence for posttraumatic stress. *American Journal of Public Health, 83*, 1549–1553.

Dyregrov, A. (1991). *Grief in children: a handbook for adults*. London: Jessica Kingsley.

Earls, F., Smith, E., Reich, W. & Jung, K. G. (1988). Investigating psychopathological consequences of a disaster in children: A pilot study incorporating a structured diagnostic interview. *Journal of the American Academy of Child and Adolescent Psychiatry, 27*, 90–95.

Ehlers, A. (1999). *Posttraumatische Belastungsstörung*. Göttingen: Hogrefe.

Ehlers, A. & Clark, D. M. (2003). Early psychological interventions for adult survivors of trauma: a review. *Biological Psychiatry, 3*, 817–826.

Ehlert, U., Gaab, J. & Heinrichs, M. (2001). Psychoneuroendocrinological contributions to the etiology of depression, posttraumatic stress disorder, and stress-related bodily disorders: the role of the hypothalamus-pituitary-adrenal axis. *Biological Psychology, 57*, 141–152.

Ehlert, U., Wagner, D., Heinrichs, M. & Heim, C. (1999). Psychobiologische Aspekte der Posttraumatischen Belastungsstörung. *Nervenarzt, 70*, 773–779.

Elbedour, S., Baker, A., Shalhoub-Kevorkian, N., Irwin, M. & Belmaker, R. (1999). Psychological responses in family members after the Hebron massacre. *Depression and Anxiety, 9*, 27–31.

Elklit, A. (2002). Victimization and PTSD in a Danish national youth probability sample. *Journal of the American Academy of Child and Adolescent Psychiatry, 41*, 174–181.

Ericksen, J. E. (1867). *On railway and other injuries of the nervous system*. Philadelphia: Henry C. Lea.

Erickson, S. J. & Steiner, H. (2001). Trauma and personality correlates in long-term pediatric cancer survivors. *Child Psychiatry and Human Development, 31*, 195–213.

Essau, C. A., Conradt, J. & Petermann, F. (1999). Häufigkeit der posttraumatischen Belastungsstörung bei Jugendlichen: Ergebnisse der Bremer Jugendstudie. *Zeitschrift für Kinder- und Jugendpsychiatrie und Psychotherapie, 27*, 37–45.

Famularo, R., Fenton, T., Kinscherff, R. & Augustyn, M. (1996). Psychiatric comorbidity in childhood post traumatic stress disorder. *Child Abuse and Neglect, 20*, 953–961.

Fauerbach, J. A., Lawrence, J. W., Schmidt, C. W., Munster, A. M. & Costa, P. T. (2000). Personality predictors of injury-related posttraumatic stress disorder. *Journal of Nervous and Mental Diseases, 188*, 510–517.

Ferring, D. & Filipp, S.-H. (1994). Teststatistische Überprüfung der Impact of Event Skala: Befunde zur Reliabilität und Stabilität. *Diagnostica, 40*, 344–362.

Figley, C. (Ed.). (1990). *Helping traumatized families*. New York: Brunner Mazel.

Figley, C. R. (1988). Post-traumatic family therapy. In F. M. Ochberg (Ed.), *Post-traumatic therapy and victims of violence* (pp. 83–109). New York: Brunner/Mazel.

Fischer, G. & Riedesser, P. (1999). *Lehrbuch der Psychotraumatologie* (2. Aufl.). München, Basel: Reinhardt.

Foa, E. B., Johnson, K. M., Feeny, N. C. & Treadwell, K. R. H. (2001). The Child PTSD Symptom Scale: A preliminary examination of its psychometric properties. *Journal of Clinical Child Psychology, 30*, 376–384.

Foa, E. B., Steketee, B. & Rothbaum, B. O. (1989). Behavioral/cognitive conceptualizations of post-traumatic stress disorder. *Behavior Therapy, 20*, 155–176.

Frederick, C., Pynoos, R. & Nader, K. (1992). *Childhood posttraumatic stress reaction index – a copyrighted instrument.* Los Angeles: University of California.

Friedman, P. (1948). The effects of imprisonment. *Acta Medica Orientalia, 7*, 163–167.

Friedrich, W. N. (1991). Hypnotherapy with traumatized children. *International Journal of Clinical and Experimental Hypnosis, 39*, 67–81.

Gaensbauer, T. J. (2000). Psychotherapeutic treatment of traumatised infants and toddlers. *Clinical Child Psychology and Psychiatry, 5*, 373–385.

Galea, S., Ahern, J., Resnick, H., Kilpatrick, D., Bucuvalas, M., Gold, J., et al. (2002). Psychological sequelae of the September 11 terrorist attacks in New York City. *N Engl J Med, 346*, 982–987.

Garmezy, N. & Rutter, M. (1985). Acute reactions to stress. In M. Rutter & L. Hersov (Eds.), *Child and adolescent psychiatry: modern approaches* (2nd ed., pp. 152–176). Oxford: Blackwell.

Giaconia, R. M., Reinherz, H. Z., Silverman, A. B., Pakiz, B., Frost, A. K. & Cohen, E. (1995). Traumas and posttraumatic stress disorder in a community population of older adolescent. *Journal of the American Academy of Child and Adolescent Psychiatry, 34*, 1369–1380.

Gil, E. (1991). *The healing power of play: working with abused children.* London: Guilford Press.

Gilbertson, M. W., Shenton, M. E., Ciszewski, A., Kasai, K., Lasko, N. B., Orr, S. P., et al. (2002). Smaller hippocampal volume predicts pathologic vulnerability to psychological trauma. *nature neuroscience, 5*, 1242–1247.

Goenjian, A., Najarian, L. M., Pynoos, R. S., Steinberg, A. M., Manoukian, G., Tavosian, A., et al. (1994). Posttraumatic stress disorder in elderly and younger adults after the 1988 earthquake in Armenia. *American Journal of Psychiatry, 151* (6), 895–901.

Goenjian, A., Pynoos, R. S., Steinberg, A. M. & Najarian, B. (1995). Psychiatric comorbidity in children after the 1988 earthquake in Armenia. *Journal of the American Academy of Child and Adolescent Psychiatry, 34*, 1174–1184.

Goenjian, A. K., Molina, L., Steinberg, A. M., Fairbanks, L. A., Alvarez, M. L., Goenjian, H. A., et al. (2001). Posttraumatic stress and depressive reactions among Nicaraguan adolescents after hurricane Mitch. *American Journal of Psychiatry, 158*, 788–794.

Goenjian, A. K., Pynoos, R. S., Steinberg, A. M., Endres, D., Abraham, K., Geffner, M. E., et al. (2003). Hypothalamic-pituitary-adrenal activity among Armenian adolescents with PTSD symptoms. *Journal of Traumatic Stress, 16*, 319–323.

Goenjian, A. K., Yehuda, R., Pynoos, R. S., Steinberg, A. M., Tashjian, M. & Yang, R. K. (1996). Basal cortisol, dexamethasone suppression of cortisol, and MHPG in adolescents after the 1988 earthquake in Armenia. *American Journal of Psychiatry, 153*, 929–934.

Goldstein, K. (1943). On so-called war neurosis. *Psychosomatic Medicine, 5* (376–383).

Green, B. L., Epstein, S. A., Krupnick, J. L. & Rowland, J. H. (1997). Trauma and medical illness: assessing trauma-related disorders in medical settings. In J. P. Wilson & T. M. Keane (Eds.), *Assessing psychological trauma and PTSD* (pp. 160–191). New York: Guilford.

Green, B. L., Korol, M., Grace, M. C., Vary, M. G., Leonard, A. C., Gleser, G. C., et al. (1991). Children and disaster: age, gender, and parental effects on PTSD symptoms. *Journal of the American Academy of Child and Adolescent Psychiatry, 30*, 945–951.

Greenwald, R. (2001). *EMDR in der Psychotherapie mit Kindern und Jugendlichen.* Paderborn: Junfermann.

Gross, J. & Hayne, H. (1998). Drawing facilitates children's verbal reports of emotionally laden events. *Journal of Experimental Psychology: Applied, 4*, 163–174.

Gurwitch, R. H., Sitterle, K. A., Young, B. H. & Pfefferbaum, B. (2002). The aftermath of terrorism. In A. M. La Greca, W. K. Silverman, E. M. Vernberg & M. C. Roberts (Eds.), *Helping children cope with disasters and terrorism* (pp. 327–357). Washington, DC: American Psychological Association.

Handford, H. A., Dickerson Mayes, S. & Mattison, R. E. (1986). Child and parent reaction to the Three Mile Island nuclear accident. *Journal of the American Academy of Child and Adolescent Psychiatry, 25*, 346–356.

Harkness, L. L. (1993). Transgenerational transmission of war-related trauma. In J. P. Wilson & B. Raphael (Eds.), *International Handbook of traumatic stress syndromes* (pp. 635–643). New York: Plenum.

Hart, J., Gunnar, M. & Cicchetti, D. (1996). Altered neuroendocrine activity in maltreated children. *Developmental Psychopathology, 8*, 201–214.

Hausmann, C. (2003). *Handbuch Notfallpsychologie und Traumabewältigung.* Wien: Facultas.

Hautzinger, M. (Ed.). (2000). *Kognitive Verhaltenstherapie bei psychischen Störungen* (3. Aufl.). Weinheim: Beltz, PVU.

Heim, C., Ehlert, U. & Hellhammer, D. H. (2000). The potential role of hypocortisolism in the pathaphysiology of stress-related bodily disorders. *Psychoneuroendocrinology, 25*, 1–35.

Henderson, J. L. & Moore, M. (1944). The psychoneurosis of war. *New England Journal of Medicine, 230*, 273–278.

Henshaw, D. L. (1996). Chernobyl 10 years on. *British Medical Journal, 312*, 1052–1054.

Hobbie, W. L., Stuber, M., Meeske, K., Wissler, K., Rourke, M. T., Ruccione, K., et al. (2000). Symptoms of posttraumatic stress in young adult survivors of childhood cancer. *Journal of Clinical Oncology, 18*, 4060–4066.

Hocking, F. (1970). Psychiatric aspects of extreme environmental stress. *Diseases of the Nervous System, 31*, 1278–1282.

Horowitz, M. J. (1976). *Stress response syndromes.* New York: Jason Aronson.

Hoven, C., Duarte, C. S. & Mandell, D. J. (2003). Children's mental health after disasters: the impact of the World Trade Center attack. *Current Psychiatry Reports, 5*, 101–107.

Jacobs, G. A., Boero, J. V., Quevillon, R. P., Todd-Bazemore, E., Elliott, T. L. & Reyes, G. (2002). Floods. In A. M. La Greca, W. K. Silverman, E. M. Vernberg & M. C. Roberts (Eds.), *Helping children cope with disasters and terrorism* (pp. 157–174). Washington, DC: American Psychological Association.

Janet, P. (1889). *L'automatisme psychologique: Essay de la psychologie expérimentale sur les formes inférieures de l'activité humaine.* Paris: Félix Alcan.

Jessee, P. O., Strickland, M. P. & Ladewig, B. H. (1992). The aftereffects of a hostage situation on children's behavior. *American Journal of Orthopsychiatry, 62*, 309–312.

Johns, I. (1993). Gruppentherapie mit sexuell missbrauchten Mädchen. In G. Ramin (Hrsg.), *Inzest und sexueller Missbrauch. Beratung und Therapie.* (S. 224–233). Paderborn: Junfermann.

Jones, R. W. & Peterson, L. W. (1993). Post-traumatic stress disorder in a child following an automobil accident. *Journal of Family Practice, 36*, 223–225.

Joseph, S. A., Brewin, C. R., Yule, W. & Williams, R. (1993). Causal attributions and posttraumatic stress in adolescents. *Journal of Child Psychology and Psychiatry, 34*, 247–253.

Kahana, B. (1992). Late-life adaptation in the aftermath of extreme stress. In M. Wykel, E. Kahana & J. Kowal (Eds.), *Stress and health among the elderly* (pp. 5–34). New York: Springer.

Kardiner, A. (1941). *The traumatic neurosis of war*. New York: Paul B. Hoebner Inc.

Kaufman, J. (1991). Depressive disorders in maltreated children. *Journal of the American Academy of Child and Adolescent Psychiatry, 30*, 257–265.

Kazak, A. E., Barakat, L. P., Meeske, K., Christakis, D., Meadows, A. T., Casey, R., et al. (1997). Posttraumatic stress, family functioning, and social support in survivors of childhood leukemia and their mothers and fathers. *Journal of Consulting and Clinical Psychology, 65*, 120–129.

Kazdin, A. (2000). *Psychotherapy for children and adolescents – directions for research and practice*. New York: Oxford University Press.

Keppel-Benson, J. M., Olledick, T. H. & Benson, M. J. (2002). Post-traumatic stress in children following motor vehicle accidents. *Journal of Child Psychology and Psychiatry, 43*, 203–212.

King, J. A., Mandansky, D., King, S., Fletcher, K. E. & Brewer, J. (2001). Early sexual abuse and low cortisol. *Psychiatry Clinics and Neurosciences, 55*, 71–74.

King, N. J., Tonge, B. J., Mullen, P., Myerson, N., Heyne, D. & Rollings, S. (2000). Treating sexually abused children with posttraumatic stress symptoms: a randomized controlled trial. *Journal of the American Academy of Child and Adolescent Psychiatry, 39*, 1347–1355.

Kinzie, D. J. & Goetz, R. R. (1996). A century of controversy surrounding posttraumatic stress-spectrum syndromes: the impact on DSM-III and DSM-IV. *Journal of Traumatic Stress, 9*(2), 159–179.

Kinzie, J. D., Sack, W. H., Angell, R. H., Manson, S. & Rath, B. (1986). The psychiatric effects of massive trauma on Cambodian children: I. The children. *Journal of the American Academy of Child and Adolescent Psychiatry, 25*, 370–376.

Kiser, L. J., Ackerman, B. J., Brown, E., Edwards, N. B., McColgan, E., Pugh, R., et al. (1988). Posttraumatic stress disorder in young children: a reaction to purported sexual abuse. *Journal of the American Academy of Child and Adolescent Psychiatry, 27*, 645–649.

Klingman, A. (1987). A school-based emergency crisis intervention in a mass school disaster. *Professional Psychology: Research and Practice, 18*, 604–612.

Kolle, K. (1958). Die Opfer der nationalsozialistischen Verfolgung in psychiatrischer Sicht. *Der Nervenarzt, 29*, 148–158.

Korol, M., Green, B. L. & Gleser, G. C. (1999). Children's responses to a nuclear waste disaster: PTSD symptoms and outcome prediction. *Journal of the American Academy of Child and Adolescent Psychiatry, 38*, 368–375.

Kramer, S. N. (1981). *History begins at Sumer: Thirty-nine frists in man's recorded history*. Philadelphia: University of Philadelphia Press.

Kulka, R. A., Schlenger, W. E., Fairbank, J. A., Jordan, B. K., Hough, R. L., Marmar, C. R., et al. (1990). *Trauma and the Vietnam war generation*. New York: Brunner/Mazel.

Kuterovac, G., Dyregrov, A. & Stuvland, R. (1994). Children in war: a silent majority under stress. *British Journal of Medical Psychology, 67*, 363–375.

La Greca, A. M. & Prinstein, M. J. (2002). Hurricanes and earthquakes. In A. M. La Greca, W. K. Silverman, E. M. Vernberg & M. C. Roberts (Eds.), *Helping children cope with disasters and terrorism* (pp. 107–138). Washington, DC: American Psychological Association.

Landolt, M. A. (2000). Die Psychologie des verunfallten Kindes. *Anaesthesiologie, Intensivmedizin, Notfallmedizin, Schmerztherapie, 35*, 615–622.

Landolt, M. A. (2003a). Das psychisch traumatisierte Kind. *pädiatrische praxis, 63*, 599–610.

Landolt, M. A. (2003b). Die Bewältigung akuter Psychotraumata im Kindesalter. *Praxis der Kinderpsychologie und Kinderpsychiatrie, 52*, 71–87.

Landolt, M. A., Boehler, U., Schwager, C., Schallberger, U. & Nuessli, R. (1998). Post-traumatic stress disorder in paediatric patients and their parents: findings from an exploratory study. *Journal of Paediatrics and Child Health, 34*, 539–543.

Landolt, M. A., Vollrath, M., Ribi, K., Gnehm, H. E. & Sennhauser, F. H. (2003). Incidence and associations of parental and child posttraumatic stress symptoms in pediatric patients. *Journal of Child Psychology and Psychiatry, 44*, 1199–1207.

Landolt, M. A., Vollrath, M., Ribi, K., Timm, K., Sennhauser, F. H. & Gnehm, H. E. (2003). Inzidenz und Verlauf posttraumatischer Belastungsreaktionen nach Verkehrsunfällen im Kindesalter. *Kindheit und Entwicklung, 12*, 184–192.

Lansford, J. E., Dodge, K. A., Pettit, G. S., Bates, J. E., Crozier, J. & Kaplow, J. (2002). A 12-year prospective study of the long-term effects of early child physical maltreatment on psychological, behavioral, and academic problems in adolescence. *Archives of Pediatrics and Adolescent Medicine, 156*, 824–830.

Lauterbach, D. & Vrana, S. (2001). The relationship among personality variables, exposure to traumatic events, and severity of posttraumatic stress symptoms. *Journal of Traumatic Stress, 14*, 29–45.

Lazarus, R. S. & Folkman, S. (1984). *Stress, appraisal, and coping*. New York: Springer.

Lemieux, A. M. & Coe, C. L. (1995). Abuse-related posttraumatic stress disorder: evidence for chronic neuroendocrine activation in women. *Psychosomatic Medicine, 57*, 105–115.

Levi, R. B., Drotar, D., Yeates, K. O. & Taylor, H. G. (1999). Posttraumatic stress symptoms in children following orthopedic or traumatic brain injury. *Journal of Clinical Child Psychology, 28*, 232–243.

Lonigan, C. J., Shannon, M. P., Finch, A. J., Daugherty, T. K. & Saylor, C. M. (1991). Children's reactions to a natural disaster: symptom severity and degree of exposure. *Advances in Behavior Research and Therapy, 13*, 135–154.

Lonigan, C. J., Shannon, M. P., Taylor, C. M., Finch, A. J. & Sallee, F. R. (1994). Children exposed to disaster: II. risk factors for the development of post-traumatic symptomatology. *Journal of the American Academy of Child and Adolescent Psychiatry, 33*(1), 94–105.

Luine, V., Villages, M. & Martinex, C. (1994). Repeated stress causes irreversible impairments of spatial memory performance. *Brain Research, 639*, 167–170.

Maercker, A. & Ehlert, U. (2001). Psychotraumatologie – eine neue Theorie- und Praxisperspektive für verschiedene medizinische Disziplinen. In A. Maercker & U. Ehlert (Hrsg.), *Psychotraumatologie.* (S. 11–23). Göttingen: Hogrefe, Verlag für Psychologie.

Maercker, A. & Langner, R. (2001). Persönliche Reifung (Personal Growth) durch Belastungen und Traumata: Validierung zweier deutschsprachiger Fragebogenversionen. *Diagnostica, 47,* 153–162.

Maes, M., Lin, A., Bonaccorso, S., von Hunsel, F., van Gastel, A. & Delmeire, L. (1998). Increased 24-hour urinary cortisol excretion in patients with posttraumatic stress disorder and patients with major depression, but not in patients with fibromyalgia. *Acta Psychiatrica Scandinavica, 98,* 328–335.

March, J. S. (2003). Acute stress disorder in youth: a multivariate prediction model. *Biological Psychiatry, 53,* 809–816.

March, J. S., Amaya-Jackson, L., Murray, M. C. & Schulte, A. (1998). Cognitive-behavioral psychotherapy for children and adolescents with posttraumatic stress disorder after a single-incident stressor. *Journal of the American Academy of Child and Adolescent Psychiatry, 37,* 585–593.

Marshall, S. L. A. (1947). *Men under fire: the problem of battle command in future war.* New York: William Morrow.

Martini, D. R., Ryan, C. & Nakayama, D. (1990). Psychiatric sequelae after traumatic injury: the Pittsburgh Regatta accident. *Journal of the American Academy of Child and Adolescent Psychiatry, 29,* 70–75.

Marvasti, J. A. (1993). „Please hurt me again“: posttraumatic play therapy wit an abused child. In T. Kotman & C. E. Schaefer (Eds.), *Play therapy in action* (pp. 485–525). Northvale, NJ: Jason Aronson.

Mayou, R., Tyndel, S. & Bryant, B. (1997). Long-term outcome of motor vehicle accident injury. *Psychosomatic Medicine, 59,* 578.

McDermott, B. M. & Cvitanovich, A. (2000). Posttraumatic stress disorder and emotional problems in children following motor vehicle accidents: an extended case series. *Australian & New Zealand Journal of Psychiatry, 34,* 446–452.

McEwen, B. S. (1998). Protective and damaging effects of stress mediators. *New England Journal of Medicine, 338,* 171–179.

McFarlane, A. C. (1987). Posttraumatic phenomena in a longitudinal study of children following a natural disaster. *Journal of the American Academy of Child and Adolescent Psychiatry, 26,* 764–769.

McLeer, S. V., Deblinger, E., Henry, D. & Orvaschel, H. (1992). Sexually abused children at high risk for post-traumatic stress disorder. *Journal of the American Academy of Child and Adolescent Psychiatry, 31,* 875–879.

Mercer, M. H. & Despert, J. M. (1943). Psychological effects of the war on French children. *Psychosomatic Medicine, 5,* 266–272.

Miller, L. (1999). Treating posttraumatic stress disorder in children and families: basic principles and clinical applications. *The American Journal of Family Therapy, 27,* 21–34.

Mirza, K. A. H., Bdadrinath, B. R., Goodyer, I. M. & Gilmour, C. (1998). Post-traumatic stress disorder in children and adolescents following road traffic accidents. *British Journal of Psychiatry, 172,* 443–447.

Mitchell, J. T. & Everly, G. S. (1998). *Stressverarbeitung nach belastenden Ereignissen*: Stumpf & Kossendey.

Mrochen, S. & Bierbaum, H. (1993). Einige Grundlagen der Kinderhypnose. In S. Mrochen, K. Holtz & B. Trenkle (Hrsg.), *Die Pupille des Bettnässers* (S. 10–29). Heidelberg: Carl Auer.

Myers, C. S. (1915). A contribution to the study of shell shock. *Lancet*, 316–320.

Myers, C. S. (1940). *Shell shock in France 1914–1918*. Cambridge: Cambridge University Press.

Nader, K. (1997). Assessing traumatic experiences in children. In J. P. Wilson & T. M. Keane (Eds.), *Assessing psychological trauma and PTSD* (pp. 291–348). New York: Guilford Press.

Nader, K., Pynoos, R., Fairbanks, L. & Frederick, C. (1990). Children's PTSD reactions one year after a sniper attack at their school. *American Journal of Psychiatry, 147*, 1526–1530.

Nader, K. O. & Fairbanks, L. A. (1994). The suppression of reexperiencing: impulse control and somatic symptoms in children following traumatic exposure. *Anxiety, Stress, and Coping, 7*, 229–239.

Nader, K. O., Kriegler, J. A., Blake, D. D., Pynoos, R. S., Newman, E. & Weather, F. W. (2002). *The Clinician-Administered PTSD Scale, Child and Adolescent Version (CAPS-CA)*. White River Junction: National Center for PTSD.

Nelson, C. A. & Carver, L. J. (1998). The effects of stress and trauma on brain and memory: a view from developmental cognitive neuroscience. *Development and Psychopathology, 10*, 793–809.

Niederland, W. G. (1968). Psychiatric disorders among persecution victims: A contribution to the understanding of concentration camp pathology and its after effects. *Journal of Nervous and Mental Disorders, 139*, 458–474.

O'Connor, K. & Braverman, L. M. (1997). *Play therapy theory and practice – a comparative presentation*. New York: John Wiley & Sons.

Ohan, J. L., Myers, K. & Collett, B. R. (2002). Ten-year review of rating scales. IV: scales assessing trauma at its effects. *Journal of the American Academy of Child and Adolescent Psychiatry, 41*, 1401–1422.

Ollendick, D. G. & Hoffman, S. M. (1982). Assessment of psychological reactions in disaster victims. *Journal of Community Psychology, 10*, 157–167.

Oppenheim, H. (1889). *Die traumatischen Neurosen*. Berlin: Hirschwald.

Orr, S. P. (1997). Psychophysiologic reactivity to trauma-related imagery in PTSD. Diagnostic and theoretical implications of recent findings. *Annals of the New York Academy of Science, 821*, 114–124.

Papadatos, Y., Nikou, K. & Potamianos, G. (1990). Evaluation of psychiatric morbidity following an earthquake. *International Journal of Social Psychiatry, 36*, 131–136.

Park, C. L., Cohen, L. H. & Murch, R. L. (1996). Assessment and prediction of stress-related growth. *Journal of Personality, 64*, 71–105.

Pelcovitz, D., Goldenberg, B., Mandel, F., Kaplan, S., Weinblatt, M. & Septimus, A. (1998). Posttraumatic stress disorder and family functioning in adolescent cancer. *Journal of Traumatic Stress, 11*, 205–221.

Pelcovitz, D., Van der Kolk, B. A., Roth, S., Mandel, F., Kaplan, S. & Resick, P. (1997). Development of a criteria set and a structured interview for disorders of extreme stress. *Journal of Traumatic Stress, 10*, 3–16.

Perkonigg, A., Kessler, R. C., Storz, S. & Wittchen, H.-U. (2000). Traumatic events and post-traumatic stress disorder in the community: prevalence, risk factors and comorbidity. *Acta Psychiatrica Scandinavica, 101*, 46–59.

Pfefferbaum, B., Gurwitch, R. H., McDonald, N. B., Leftwich, M. J., Sconzo, G. M., Messenbaugh, A. K., et al. (2000). Posttraumatic stress among young children after the death of a friend or acquaintance in a terrorist bombing. *Psychiatr Serv, 51*(3), 386–388.

Pfefferbaum, B., Nixon, S., Tivis, R., Doughty, D., Pynoos, R. S. & Gurwitch, R. H. (2001). Television exposure in children after a terrorist incident. *Psychiatry, 64*, 202–211.

Pfefferbaum, B., Nixon, S. J., Tucker, P. M., Tivis, R. D., Moore, V. L., Gurwitch, R. H., et al. (1999). Posttraumatic stress responses in bereaved children after the Oklahoma City bombing. *J Am Acad Child Adolesc Psychiatry, 38*(11), 1372–1379.

Pfefferbaum, B. & Pfefferbaum, R. L. (1998). Contagion in stress: An infectious disease model for posttraumatic stress in children. *Child and Adolescent Psychiatric Clinics of North America, 7*, 183–194.

Pfefferbaum, B., Pfefferbaum, R. L., Gurwitch, R. H., Nagumalli, S., Brandt, E. N., Robertson, M. J., et al. (2003). Children's Response to Terrorism: A Critical Review of the Literature. *Curr Psychiatry Rep, 5*(2), 95–100.

Pine, D. S. (2003). Developmental psychobiology and response to threats: relevance to trauma in children and adolescents. *Biological Psychiatry, 53*, 796–808.

Pine, D. S. & Cohen, J. A. (2002). Trauma in children and adolescents: risk and treatment of psychiatric sequelaeq. *Biological Psychiatry, 51*, 519–531.

Pitman, R. K., Orr, S. P., Shalev, A. Y., Metzger, L. J. & Mellman, T. A. (1999). Psychophysiological alterations in post-traumatic stress disorder. *Seminars in Clinical Neuropsychiatry, 4*, 234–241.

Poijula, S., Wahlberg, K. E. & Dyregrov, A. (2001). Adolescent suicide and suicide contagion in three secondary schools. *Journal of Emergency Mental Health, 3*, 163–168.

Pynoos, R. & Nader, K. (1988). Psychological first aid and treatment approach to children exposed to community violence: research implications. *Journal of Traumatic Stress, 1*, 413–430.

Pynoos, R. S. (1994). Traumatic stress and developmental psychopathology in children and adolescents. In R. S. Pynoos (Ed.), *Posttraumatic stress disorder: A clinical review*. Lutherville, MD: Sidran Press.

Pynoos, R. S. & Eth, S. (1986). Witness to violence: the child interview. *Journal of the American Academy of Child and Adolescent Psychiatry, 25*, 306–319.

Pynoos, R. S., Frederick, C., Nader, K., Arroyo, W., Steinberg, A., Eth, S., et al. (1987). Life threat and posttraumatic stress in school-age children. *Archives of General Psychiatry, 44*, 1057–1063.

Pynoos, R. S., Goenjian, A., Tashjain, M., Karakashian, M., Manjikian, R., Manoukian, R., et al. (1993). Post-traumatic stress reactions in children after the 1988 Armenian earthquake. *British Journal of Psychiatry, 163*, 239–247.

Rauch, S. L., van der Kolk, B. A. & Fisler, R. E. (1996). A symptom provocation study of posttraumatic stress disorder using positron emission tomography and script-driven imagery. A pilot study. *Archives of General Psychiatry, 53*, 380–387.

Realmuto, G. M., Masten, A., Carole, L. F., Hubbard, J., Groteluschen, A. & Chun, B. (1992). Adolescent survivors of massive childhood trauma in Cambodia. *Journal of Traumatic Stress, 5*, 589–599.

Reinecker, H. & Lakatos, A. (1998). Ansatzpunkt Erleben, Verhalten: Verhaltenstherapeutisch orientierte Psychotherapie. In U. Baumann & M. Perrez (Eds.), *Lehrbuch Klinische Psychologie – Psychotherapie* (pp. 448–467). Bern: Hans Huber.

Rhue, J. W. & Lynn, S. J. (1991). Storytelling, hypnosis and the treatment of sexually abused children. *International Journal of Clinical and Experimental Hypnosis, 39*, 198–214.

Rhue, J. W. & Lynn, S. J. (1993). Hypnosis and storytelling in the treatment of child sexual abuse: strategies and procedures. In J. W. Rhue & S. J. Lynn (Eds.), *Handbook of clinical hypnosis* (pp. 455–478). Washington DC: American Psychological Association.

Ronen, T. (2000). *Kognitive Verhaltenstherapie mit Kindern*. Bern: Hans Huber.

Rose, S., Bisson, J. & Wessely, S. (2001). *Psychological debriefing for preventing post traumatic stress disorder (PTSD) (Cochrane Review)*. Oxford: Update Software.

RUPP Anxiety Study Group. (2001). An eight-week placebo-controlled trial of fluvoxamine for anxiety disorders in children and adolescents. *New England Journal of Medicine, 344*, 1279–1285.

Rutter, M., Taylor, E. & Hersov, L. (Eds.). (1994). *Child and adolescent psychiatry: modern approaches* (3 ed.). Oxford: Blackwell Scientific Publications.

Ryan, V. & Needham, C. (2001). Non-directive play therapy with children experiencing psychic trauma. *Clinical Child Psychology and Psychiatry, 6*, 437–453.

Sack, W. H., Clarke, G. N. & Seeley, J. (1995). Posttraumatic stress disorder across two generations of Cambodian refugees. *Journal of the American Academy of Child and Adolescent Psychiatry, 34*, 1160–1166.

Saigh, P. A. (1991). The development of posttraumatic stress disorder following four different types of traumatization. *Behaviour Research and Therapy, 29*, 213–216.

Saigh, P. A. (1992). The behavioral treatment of child and adolescent posttraumatic stress disorder. *Advances in Behavior Research and Therapy, 14*, 247–275.

Saigh, P. A., Yasik, A. E., Oberfield, R. A., Green, B., Halamandaris, P., Rubenstein, H., et al. (2000). The Children's PTSD Inventory: Development and validity. *Journal of Traumatic Stress, 13*, 369–380.

Salmon, K. & Bryant, R. (2002). Posttraumatic stress disorder in children. The influence of developmental factors. *Clinical Psychology Review, 22*, 163–188.

Saß, H., Wittchen, H.-U. & Zaudig, M. (1998). *Diagnostisches und Statistisches Manual psychischer Störungen (DSM-IV). Deutsche Bearbeitung* (2. Aufl.). Göttingen: Hogrefe.

Schaefer, C. E. (1994). Play therapy for psychic trauma in children. In K. J. O'Connor & C. E. Schaefer (Eds.), *Handbook of play therapy* (pp. 297–318). Chichester: Wiley.

Scheeringa, M. S., Peebles, C. D., Cook, C. A. & Zeanah, C. H. (2001). Toward establishing procedural, criterion, and discrimant validity for PTSD in early childhood. *Journal of the American Academy of Child and Adolescent Psychiatry, 40*, 52–60.

Scheeringa, M. S., Zeanah, C. H., Drell, M. J. & Larrieu, J. A. (1995). Two approaches to the diagnosis of posttraumatic stress disorder in infancy and early childhood. *Journal of the American Academy of Child and Adolescent Psychiatry, 34* (2), 191–200.

Scheeringa, M. S., Zeanah, C. H., Myers, L. & Putnam, F. W. (2003). New findings on alternative criteria for PTSD in preschool children. *Journal of the American Academy of Child and Adolescent Psychiatry, 42*, 561–570.

Schnurr, P. P. & Jankowski, M. K. (1999). Physical health and post-traumatic stress disorder: review and synthesis. *Seminars in Clinical Neuropsychiatry, 4*, 295–304.

Schwarz, E. D. & Kowalski, J. M. (1991a). Malignant memories: PTSD in children and adults after a school shooting. *Journal of the American Academy of Child and Adolescent Psychiatry, 30*, 936–944.

Schwarz, E. D. & Kowalski, J. M. (1991b). Posttraumatic stress disorder after a school shooting: effects of symptom treshold selection and diagnosis by DSM-III, DSM-III-R, or proposed DSM-IV. *American Journal of Psychiatry, 148*(5), 592–597.

Seedat, S., Lockhat, R., Kaimer, D., Zungu-Dirwayi, N. & Stein, D. J. (2001). An open trial of citalopram in adolescents with post-traumatic stress disorder. *International Clinical Psychopharmacology, 16*, 21–25.

Selye, H. (1946). The general adaptation syndrome and the diseases of adaptation. *Journal of Clinical Endocrinology, 6*, 117–196.

Shalev, A. Y., Bonne, O. & Eth, S. (1996). Treatment of posttraumatic stress disorder: a review. *Psychosomatic Medicine, 58*, 165–182.

Shalev, A. Y., Orr, S. P., Peri, T., Schreiber, S. & Pitman, R. K. (1992). Physiologic responses to loud tones in Israeli patients with posttraumatic stress disorder. *Archives of General Psychiatry, 49*, 870–875.

Shalev, A. Y., Sahar, T., Freedman, S., Peri, T., Glick, N., Brandes, D., et al. (1998). A prospective study of heart rate response following trauma and the subsequent development of posttraumatic stress disorder. *Archives of General Psychiatry, 55*, 553–559.

Shapiro, F. (1989). Efficacy of the eye movement desensitization procedure in the treatment of traumatic memories. *Journal of Traumatic Stress, 2*, 199–223.

Shapiro, F. (1995). *Eye movement desensitization and reprocessing: basic principles, protocols and procedures*. New York: Guilford Press.

Shapiro, F. (1998). *EMDR, Grundlagen und Praxis*. Paderborn: Junfermann.

Shapiro, F. (2002). EMDR 12 years after its introduction: past and future research. *Journal of Clinical Psychology, 58*, 1–22.

Shaw, J. A., Applegate, B., Tanner, S., Perez, D., Rothe, E., Campo-Bowen, A. E., et al. (1995). Psychological effects of hurricane Andrew on elementary school population. *Journal of the American Academy of Child and Adolescent Psychiatry, 34*, 1185–1192.

Shay, J. (1991). Learning about combat stress from Homer's Ilias. *Journal of Traumatic Stress, 4*, 561–579.

Shemesh, E., Lurie, S., Stuber, M. L., Emre, S., Patel, Y. & Vohra, P. (2000). A pilot study of posttraumatic stress and nonadherence in pediatric liver transplant recipients. *Pediatrics, 105*, E29.

Shermann, J. J. (1998). Effects of psychotherapeutic treatments for PTSD: A meta-analysis of controlled trials. *Journal of Traumatic Stress, 11*, 413–436.

Signer-Fischer, S. (1993). Symbolhandlungen: Ritus oder Zwang? In S. Mrochen, K. Holtz & B. Trenkle (Hrsg.), *Die Pupille des Bettnässers* (S. 164–185). Heidelberg: Carl Auer.

Smith, P., Perrin, S., Dyregrov, A. & Yule, W. (2003). Principal components analysis of the impact of event scale with children in war. *Personality and Individual Differences, 34*, 315–322.

Smith, P., Perrin, S., Yule, W., Hacam, B. & Stuvland, R. (2002). War exposure among children from Bosnia-Hercegovina: psychological adjustment in a community sample. *Journal of Traumatic Stress, 15*, 147–156.

Smith, R. (1943). Neurosis resulting from combat. *American Journal of Psychiatry, 100* (94–97).

Southwick, S. M., Paige, S., Morgan III, C. A., Bremner, J. D., Krystal, J. H. & Charney, D. S. (1999). Neurotransmitter alterations in PTSD: catecholamines and serotonin. *Seminars in Clinical Neuropsychiatry, 4*, 242–248.

Stallard, P. & Law, F. (1993). Screening and psychological debriefing of adolescent survivors of life-threatening events. *British Journal of Psychiatry, 163*, 660–665.

Stallard, P. & Salter, E. (in press). Psychological debriefing with children and young people following traumatic events. *Clinical Child Psychology and Psychiatry.*

Stallard, P., Velleman, R. & Baldwin, S. (1998). Prospective study of post-traumatic stress disorder in children involved in road traffic accidents. *British Medical Journal, 317*, 1619–1623.

Stallard, P., Velleman, R. & Baldwin, S. (2001). Recovery from post-traumatic stress disorder in children following road traffic accidents: the role of talking and feeling understood. *Journal of community & Applied Social Psychology, 11*, 37–41.

Stallard, P., Velleman, R., Langsford, J. & Baldwin, S. (2001). Coping and psychological distress in children involved in road traffic accidents. *British Journal of Clinical Psychology, 40*, 197–208.

Steil, R. & Füchsel, G. (2004). *Interviews zu Belastungsstörungen bei Kindern und Jugendlichen (IBS-KJ). Diagnostik der Akuten und der Postraumatischen Belastungsstörung.* Göttingen: Hogrefe.

Stein, B. D., Jaycox, L. H., Kataoka, S. H., Wong, M., Tu, W., Elliott, M. N., et al. (2003). A mental health intervention for schoolchildren exposed to violence: a randomized controlled trial. *Journal of the American Medical Association, 290*, 603–611.

Stein, M. B., Yehuda, R., Koverola, C., Torchia, M. & McClarty, B. (1997). Structural brain changes in PTSD. Does trauma alter neuroanatomy? *Annals of the New York Academy of Science, 821*, 76–82.

Stierlin, E. (1911). Nervöse und psychische Störungen nach Naturkatastrophen. *Deutsche Medizinische Wochenschrift, 37*, 2028–2035.

Stockburger, G. (2002). „Hans ist ein Mörderkind". Über die Behandlung eines achtjährigen Mädchens nach sexuellem Missbrauch durch den Vater. *Analytische Kinder und Jugendlichen Psychotherapie, 33*, 515–530.

Stoddard, F. J., Norman, D. K., Murphy, J. M. & Beardslee, W. R. (1989). Psychiatric outcome of burned children and adolescents. *Journal of the American Academy of Child and Adolescent Psychiatry, 28*, 589–595.

Stuber, M. L., Shemesh, E. & Saxe, G. N. (2003). Posttraumatic stress responses in children with life-threatening illnesses. *Child and Adolescent Psychiatric Clinics of North America, 12*, 195–209.

Stuber, M., Christakis, D., Houskamp, B. & Kazak, A. E. (1996). Posttraumatic symptoms in childhood leukemia survivors and their parents. *Psychosomatics, 37*, 254–261.

Stuber, M. L., Kazak, A. E., Meeske, K., Barakat, L. P., Guthrie, D., Garnier, H., et al. (1997). Predictors of posttraumatic stress symptoms in childhood cancer survivors. *Pediatrics, 100*, 958–964.

Sutherland, J. D. (1941). A survey of 100 cases of war neurosis. *British Medical Journal, 2*, 365–370.

Tedeschi, R. G. & Calhoun, L. G. (1996). The posttraumatic growth inventory: measuring the positive legacy of trauma. *Journal of Traumatic Stress, 9*(3), 455–471.

Tedeschi, R. G., Park, C. L. & Calhoun, L. G. (Eds.). (1998). *Posttraumatic growth: positive changes in the aftermath of crisis*. Mahwah, NJ: Lawrence Erlbaum Associates.

Teegen, F. (2000). Psychotherapie der Posttraumatischen Belastungsstörung. *Psychotherapeut, 45*, 341–349.

Terr, L. (1979). Children of Chowchilla: study of psychic trauma. *Psychoanalytic Study of the Child, 34*, 547–623.

Terr, L. C. (1983). Chowchilla revisited: the effects of psychic trauma four years after a schoolbus kidnapping. *American Journal of Psychiatry, 140*, 1543–1550.

Terr, L. (1988). What happens to the memories of early childhood trauma? *Journal of the American Academy of Child and Adolescent Psychiatry, 27*, 96–104.

Terr, L. (1990). *Too scared to cry*. New York: Basic Books.

Terr, L. C. (1991). Childhood traumas: on outline and overview. *American Journal of Psychiatry, 148*, 10–20.

Thabet, A. M. & Vostanis, P. (1999). Posttraumatic stress reaction in children of war. *Journal of Child Psychology and Psychiatry, 40*, 385–391.

Thompson, A., McArdle, P. & Dunne, F. (1993). Psychiatric consequences of road traffic accidents. Children may be seriously affected. *British Medical Journal, 307*, 1282–1283.

Thompson, S. C. (1985). Finding positive meaning in a stressful event and coping. *Basic and Applied Social Psychology, 6*, 279–295.

Udwin, O., Boyle, S., Yule, W., Bolton, D. & O'Ryan, D. (2000). Risk factors for long-term psychological effects of a disaster experienced in adolescence: Predictors of post traumatic stress disorder. *Journal of Child Psychology and Psychiatry, 41*, 969–979.

Unnewehr, S., Schneider, S. & Margraf, J. (1995). *Diagnostisches Interview bei psychischen Störungen im Kindes- und Jugendalter*. Berlin: Springer.

Uno, H., Tarara, R. & Else, J. G. (1989). Hippocampal damage associated with prolonged and fatal stress in primates. *Journal of Neurosciences, 9*, 1705–1711.

van der Kolk, B. A. (1997). The psychobiology of posttraumatic stress disorder. *Clinical Psychiatry, 9*, 16–24.

van der Kolk, B. A. (1998). Zur Psychologie und Psychobiologie von Kindheitstraumata. *Praxis der Kinderpsychologie und Kinderpsychiatrie, 47*, 19–35.

van der Kolk, B. A. & van der Hart, O. (1989). Pierre Janet and the breakdown of adaptation in psychological trauma. *American Journal of Psychiatry, 146*, 1530–1540.

van der Kolk, B. A., Weisaeth, L. & van der Hart, O. (1996). History of Trauma in Psychiatry. In B. A. Van der Kolk, A. C. McFarlane & L. Weisaeth (Eds.), *Traumatic Stress* (pp. 47–74). New York: Guilford Press.

van Emmerik, A. A., Kamphuis, J. H., Hulsbosh, A. M. & Emmelkamp, P. M. (2002). Single session debriefing after psychological trauma: a meta-analysis. *Lancet, 360*, 766–771.

van Etten, M. L. & Taylor, S. (1998). Comparative efficacy of treatment for post-traumatic stress disorder. *Clinical Psychology and Psychotherapy, 5*, 126–144.

Venzlaff, U. (1966). Das akute und das chronische Belastungssyndrom. *Medizinische Welt, 17*, 369–376.

Vila, G., Porche, L. M. & Mouren-Simeoni, M. C. (1999). An 18 month longitudinal study of posttraumatic disorders in children who were taken hostage in their school. *Psychosomatic Medicine, 61*, 746–754.

Vollrath, M., Landolt, M. A. & Ribi, K. (in press). Illness appraisal in paediatric patients and their parents. *Swiss Journal of Psychology.*

von Gontard, A. & Lehmkuhl, G. (2003). Spieltherapien – Psychotherapien mit dem Medium des Spiels: I. Allgemeine Einführung, tiefenpsychologische und personenzentrierte Zugänge. *Praxis der Kinderpsychologie und Kinderpsychiatrie, 52*, 35–48.

Wager, J. & Rodway, M. R. (1995). An evaluation of a group treatment approach for children who have witnessed wife abuse. *Journal of Family Violence, 10*, 295–306.

Wagner, A. W., Wolfe, J., Rotnitsky, A., Proctor, S. P. & Erickson, D. J. (2000). An investigation of the impact of posttraumatic stress disorder on physical health. *Journal of Traumatic Stress, 13*, 41–55.

Weiss, D. S. (2002). *The Impact of Events Scale-Revised.* San Francisco: Department of Psychiatry, University of San Francisco.

Wessely, S. & Bisson, J. (2001). *Brief psychological interventions („debriefing") for trauma-related symptoms and prevention of post traumatic stress disorder (Cochrane Review). The Chocrane Library, Issue 1.* Oxford: Update Software.

Wilson, J. P. (1989). *Trauma, transformation and healing. An integrative approach to theory, research and post-traumatic therapy.* New York: Brunner and Mazel.

Wintsch, H. (2000). Hoffnung säen: Therapeutische Gruppen mit kriegstraumatisierten Kindern und Jugendlichen in Bosnien. *Praxis der Kinderpsychologie und Kinderpsychiatrie, 49*, 209–230.

Wolfe, D. A., Sas, L. & Wekerle, C. (1994). Factors associated with the development of posttraumatic stress disorder among child victims of sexual abuse. *Child Abuse und Neglect, 18*, 37–50.

Wolfe, V. V., Gentile, C. & Wolfe, D. A. (1989). The impact of sexual abuse on children: a PTSD formulation. *Behavior Therapy, 20*, 215–228.

Wraith, R. (2000). Children and debriefing: theory, interventions and outcomes. In B. Raphael & J. P. Wilson (Eds.), *Psychological debriefing: theroy, practice and evidence.* Cambridge: Cambridge University Press.

Wroble, M. C. & Baum, A. (2002). Toxic waste spills and nuclear accidents. In A. M. La Greca, W. K. Silverman, E. M. Vernberg & M. C. Roberts (Eds.), *Helping children cope with disasters and terrorism* (pp. 207–221). Washington, DC: American Psychological Association.

Yule, W. (1992a). Post-traumatic stress disorder in child survivors of shipping disasters: the sinking of the „Jupiter". *Psychotherapy and Psychosomatics, 57*, 200–205.

Yule, W. (1992b). Resilience and vulnerability in child survivors of disasters. In B. Tizard & V. Varma (Eds.), *Vulnerability and resilience: A Festschrift for Ann and Alan Clarke*. London: Jessica Kingsley.

Yule, W. (1994). Posttraumatic stress disorder. In M. Rutter, E. Taylor & L. Hersov (Eds.), *Child and Adolescent Psychiatry: Modern Approaches* (3rd ed., pp. 392–406). Oxford: Blackwell Scientific Publications.

Yule, W. (1999). *Post-traumatic stress disorder: Concepts and Therapy*. Chichester: John Wiley & Sons.

Yule, W., Bolton, D., Udwin, O., Boyle, S., O'Ryan, D. & Nurrish, J. (2000). The long-term psychological effects of a disaster experienced in adolescence: The incidence and course of PTSD. *Journal of Child Psychology and Psychiatry, 41*, 503–511.

Yule, W., Bruggencate, S. T. & Joseph, S. (1994). Principal components analysis of the Impact of Events Scale in adolescents who survived a shipping disaster. *Personality and Individual Differences, 16*, 685–691.

Yule, W. & Udwin, O. (1991). Screening child survivors for post-traumatic stress disorder: experiences from the ‚Jupiter' sinking. *British Journal of Clinical Psychology, 30*, 131–138.

Yule, W., Udwin, O. & Murdoch, K. (1990). The „Jupiter" sinking: effects on children's fears, depression and anxiety. *Journal of Child Psychology and Psychiatry, 31*, 1051–1061.

Yule, W. & Williams, R. M. (1990). Posttraumatic stress reactions in children. *Journal of Traumatic Stress, 3*, 279–295.

Stichwortverzeichnis